AF474010

Margret Hoppe

Das Versprechen der Moderne

Margret Hoppe

Das Versprechen der Moderne
The Promise of Modernism

Texte/Texts:
Oliver Fern
Hans-Werner Schmidt
Sarah Alberti
Marc Ries

Kunstpreis
der Sachsen Bank 2014/
Museum der bildenden Künste
Leipzig

Scheidegger & Spiess

Après une Architecture

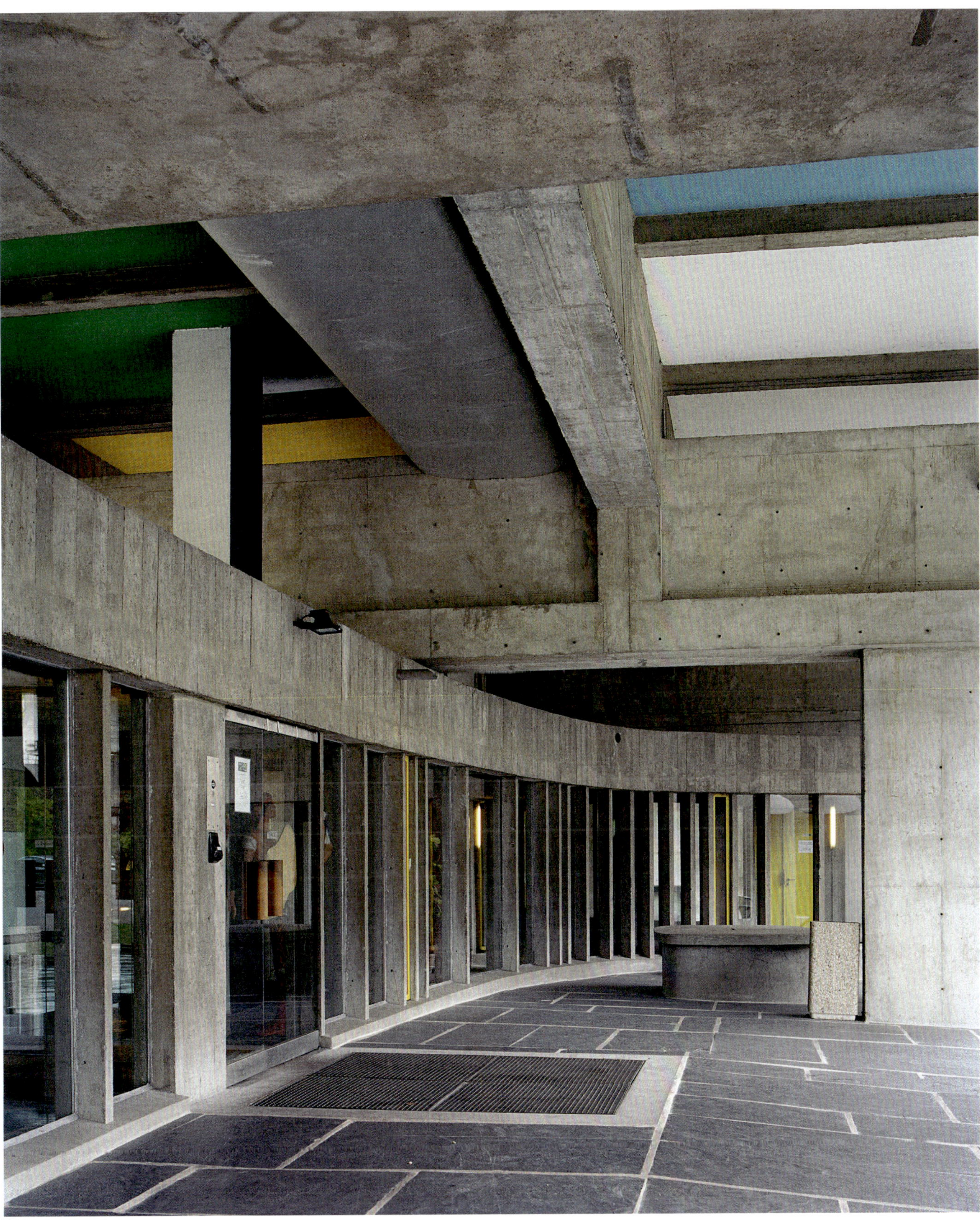

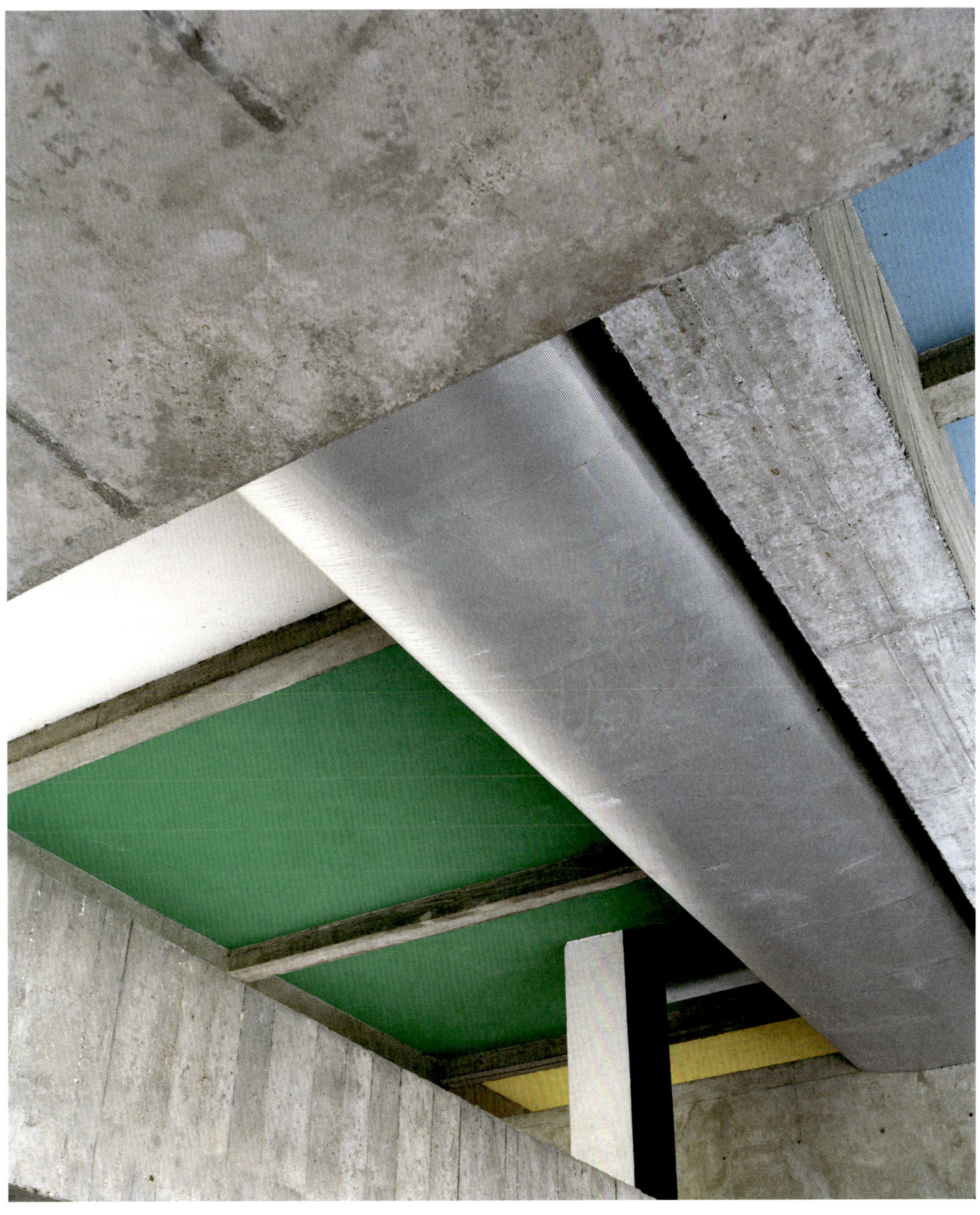

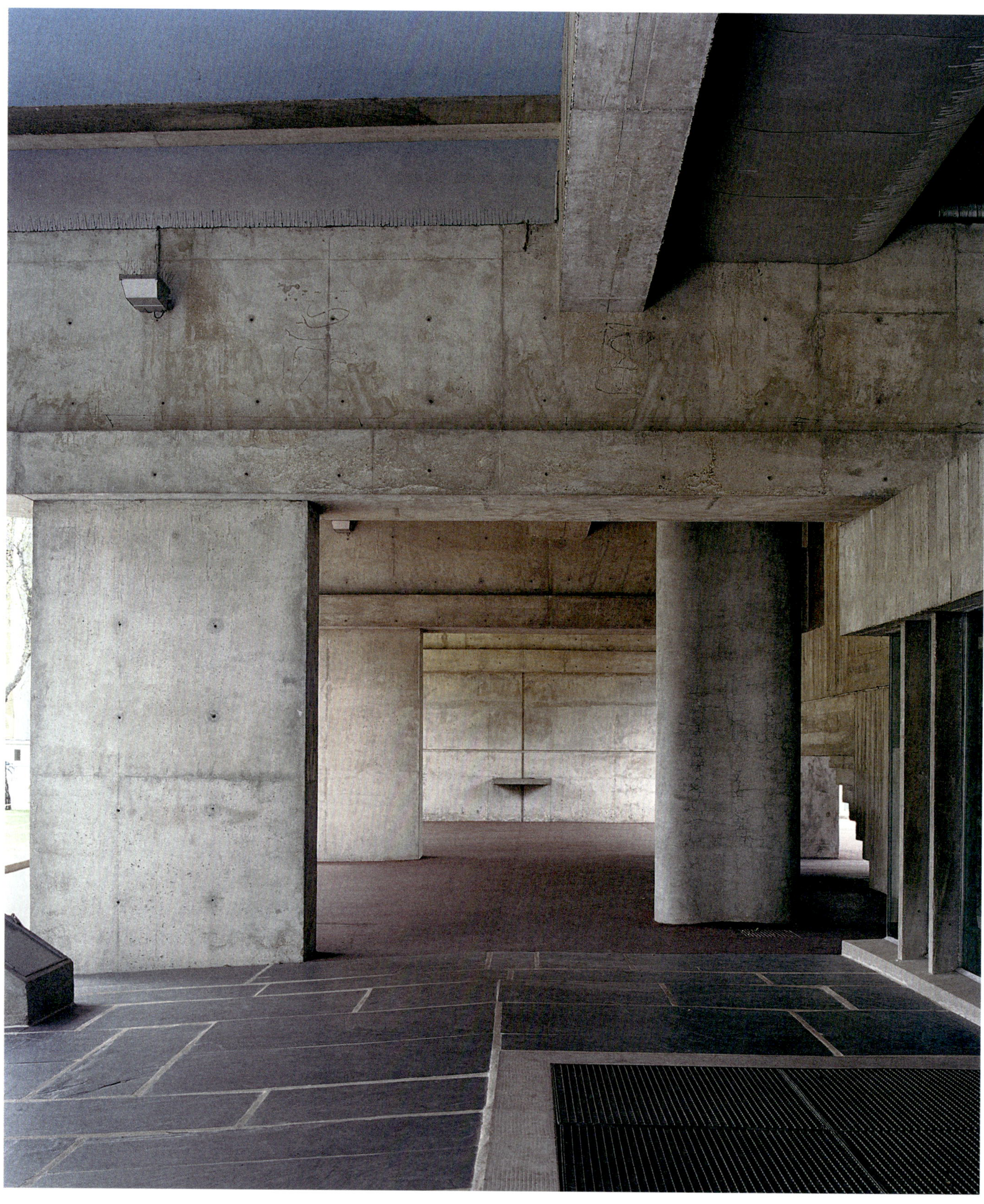

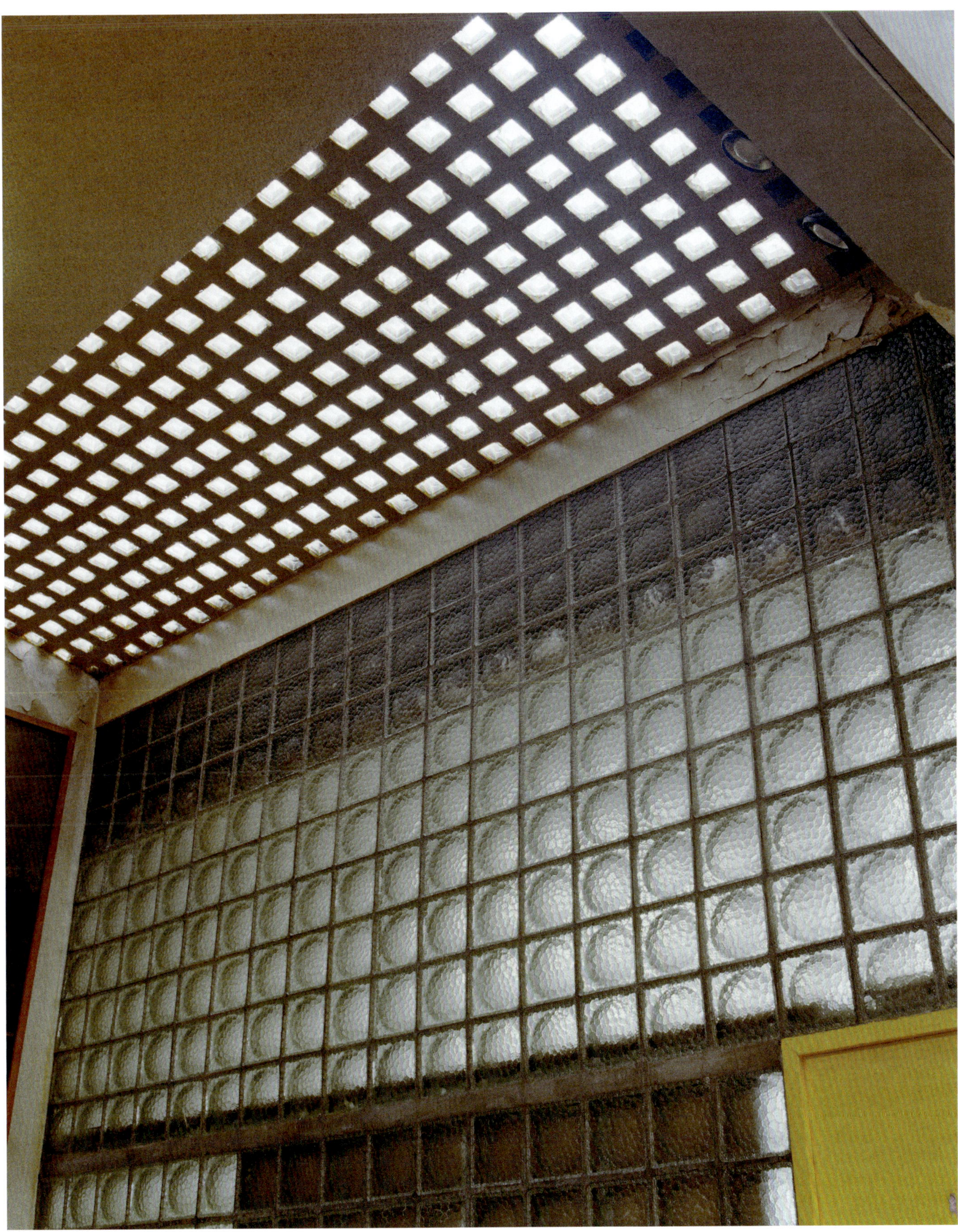

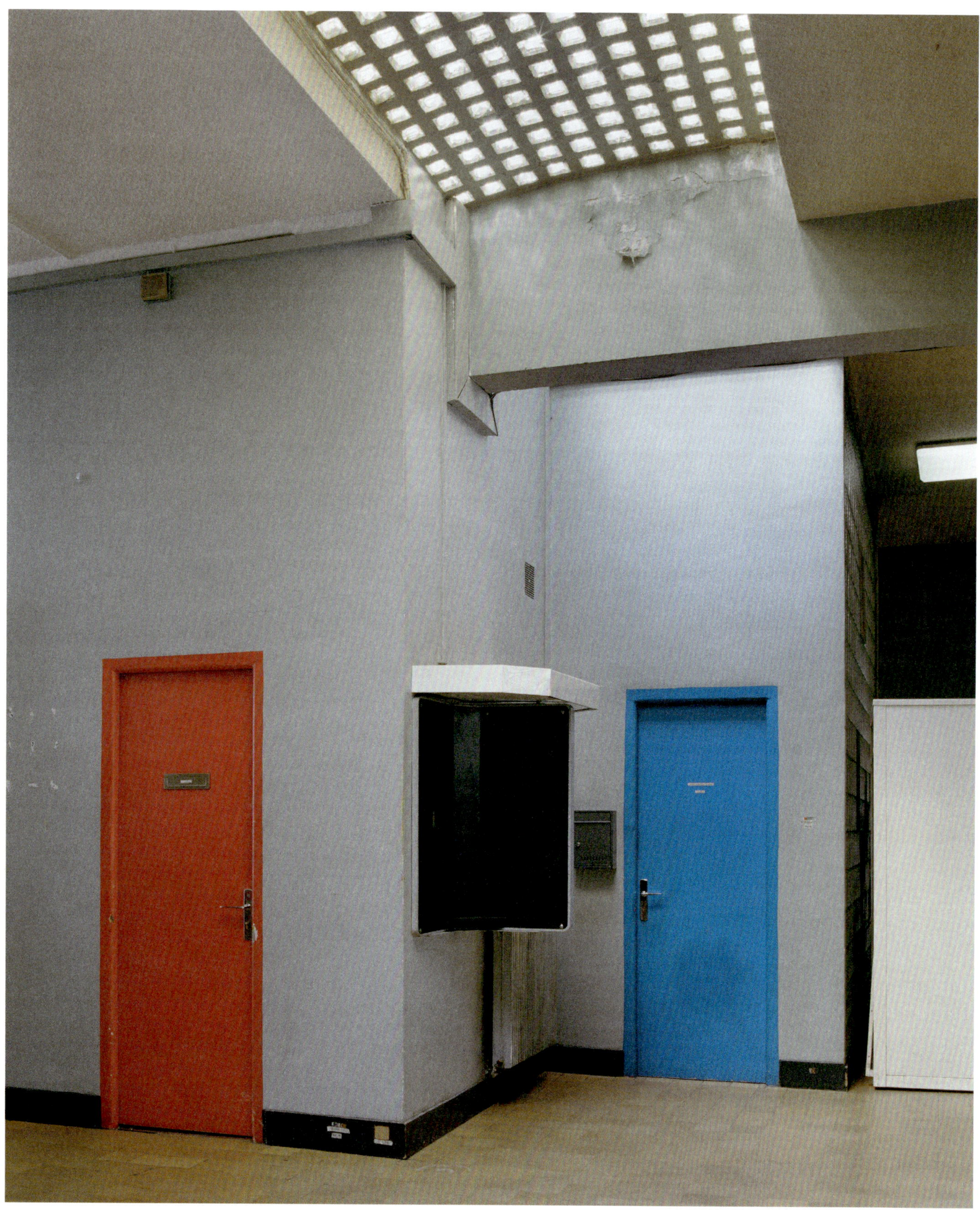

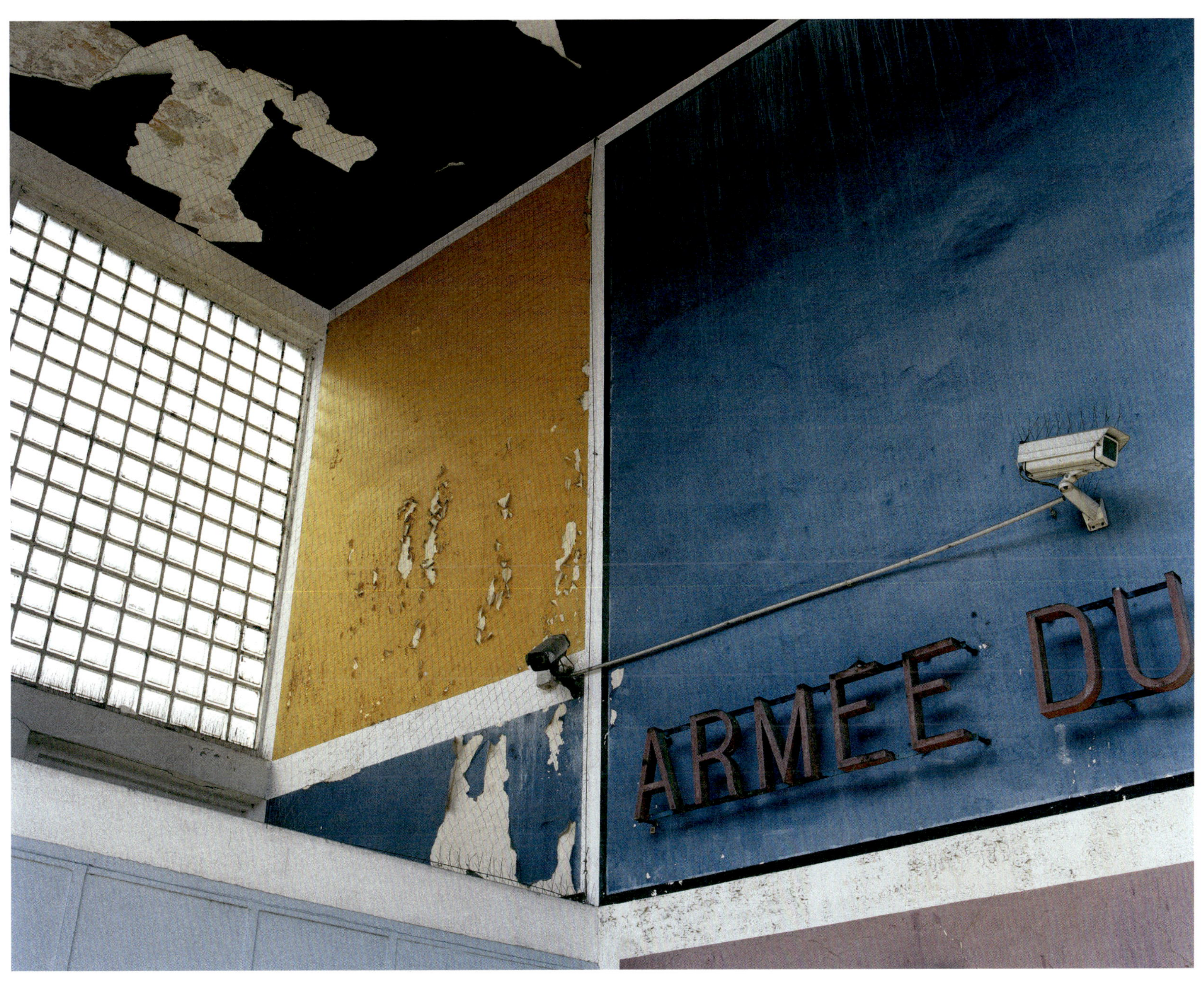
ARMÉE DU

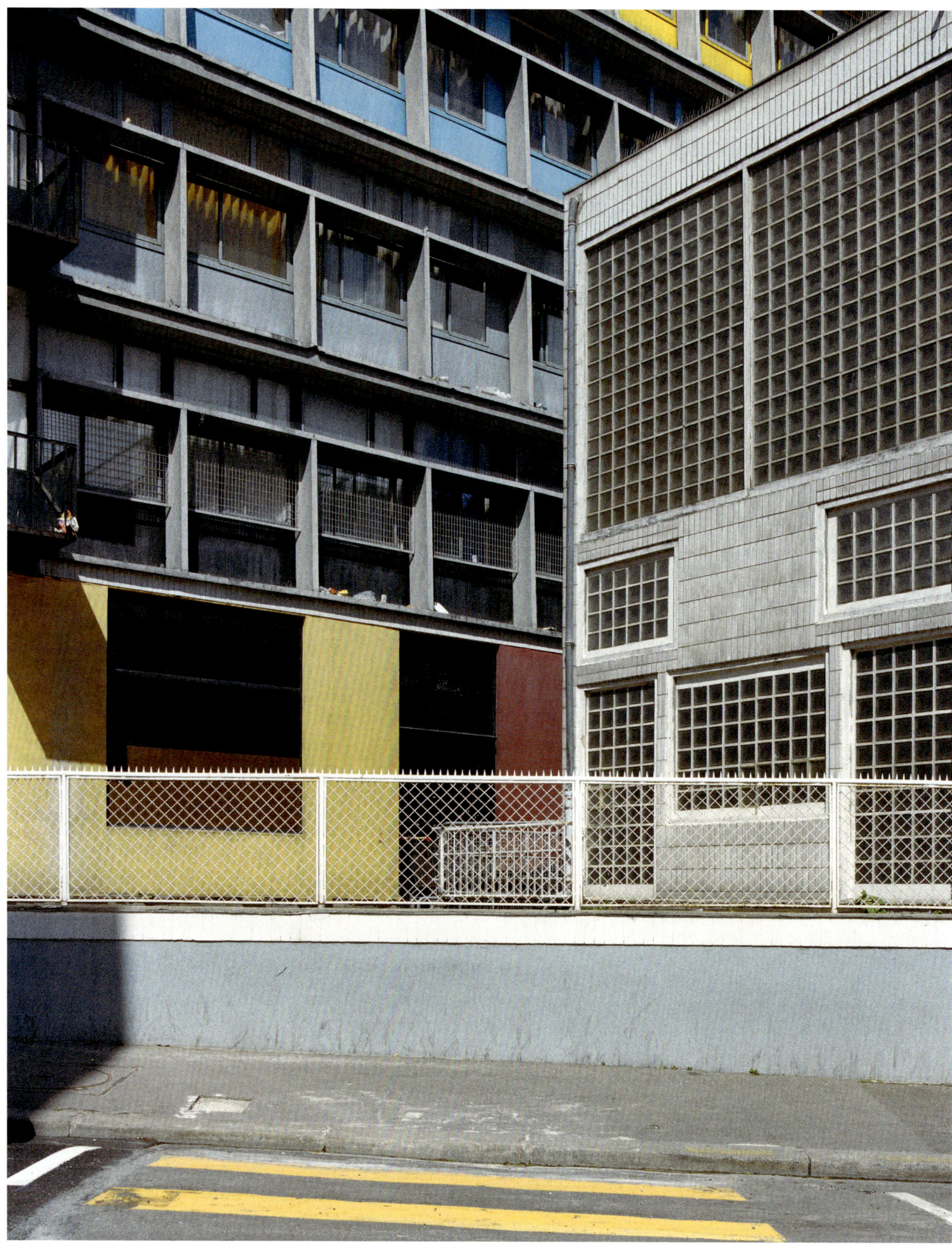

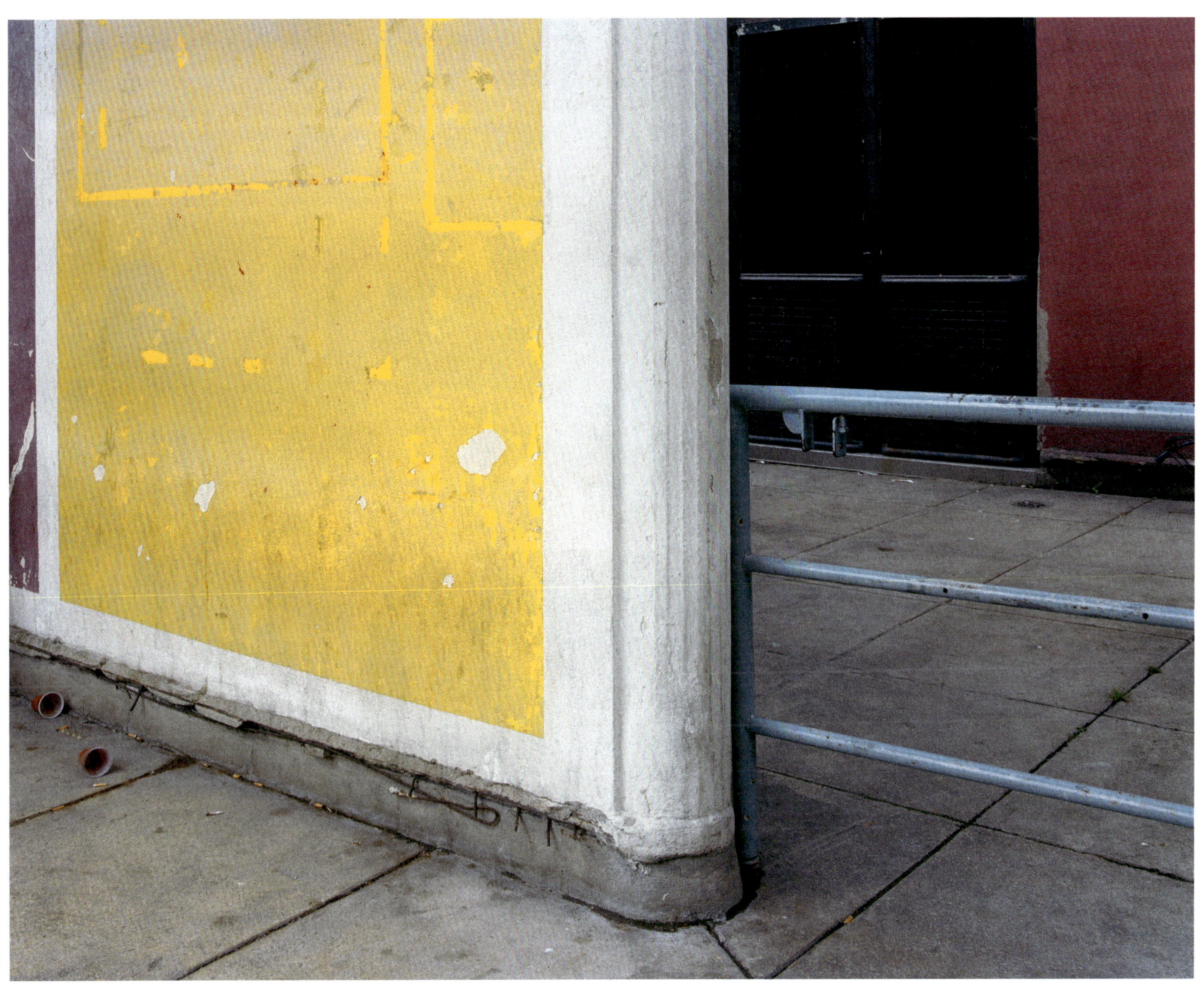

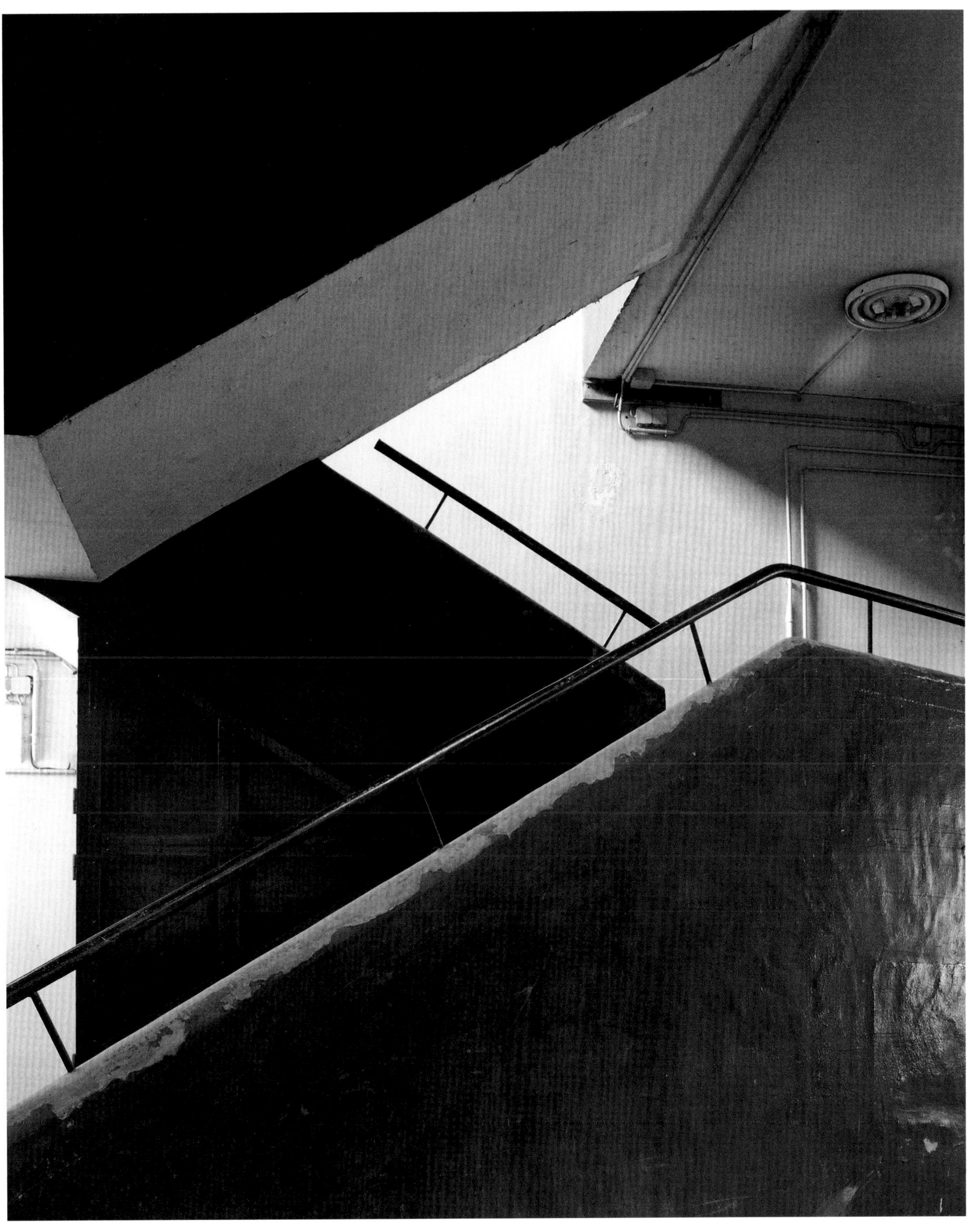

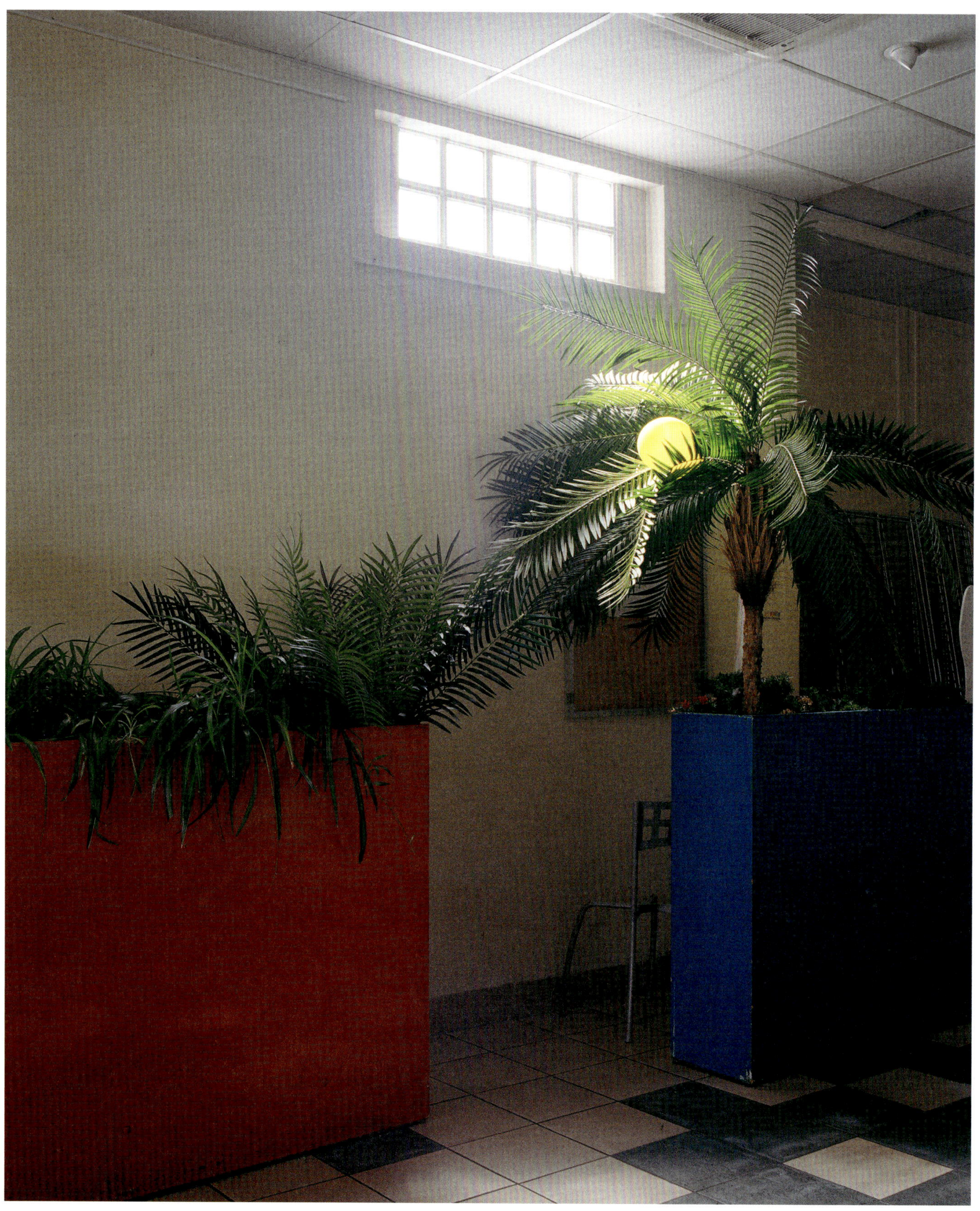

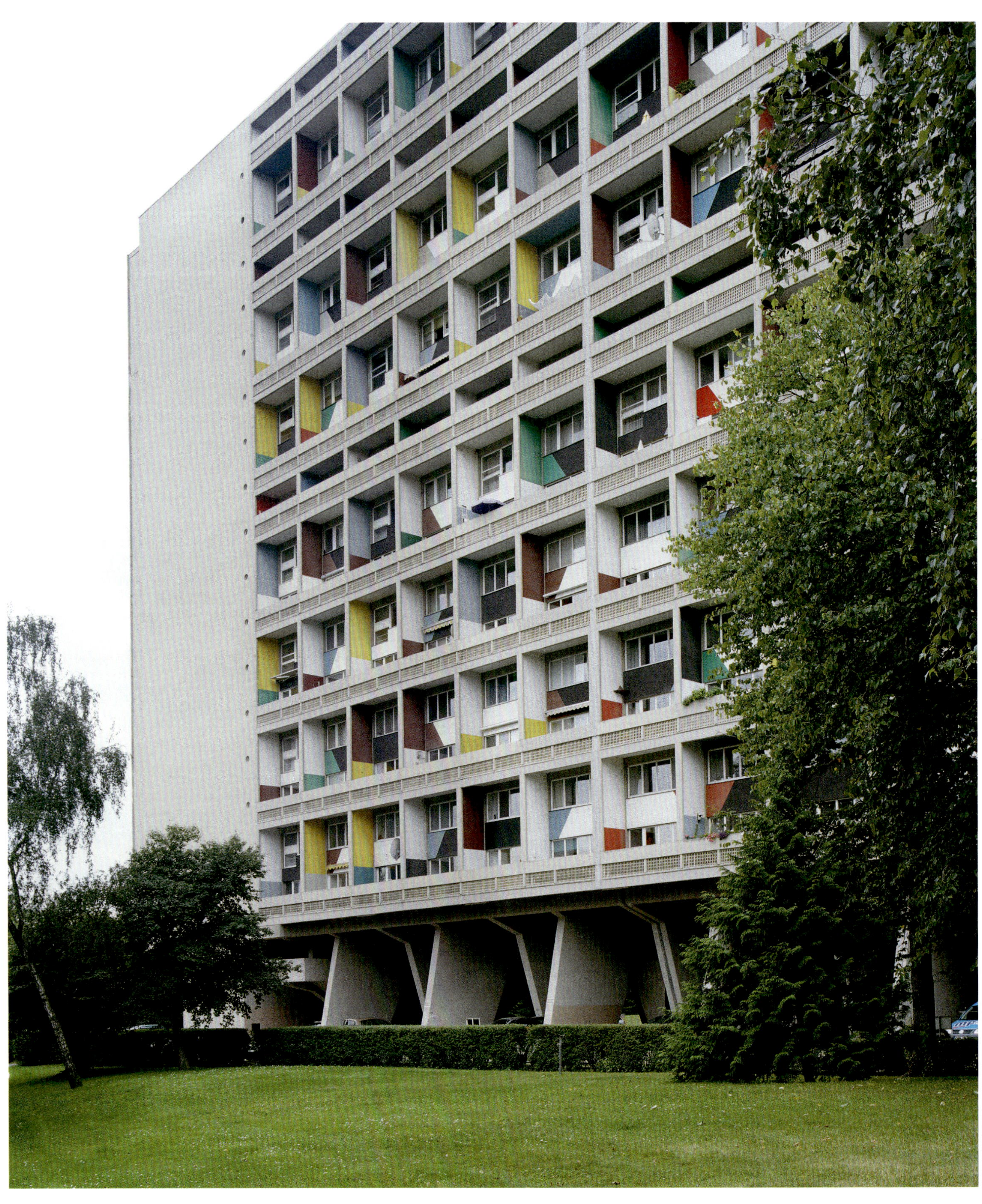

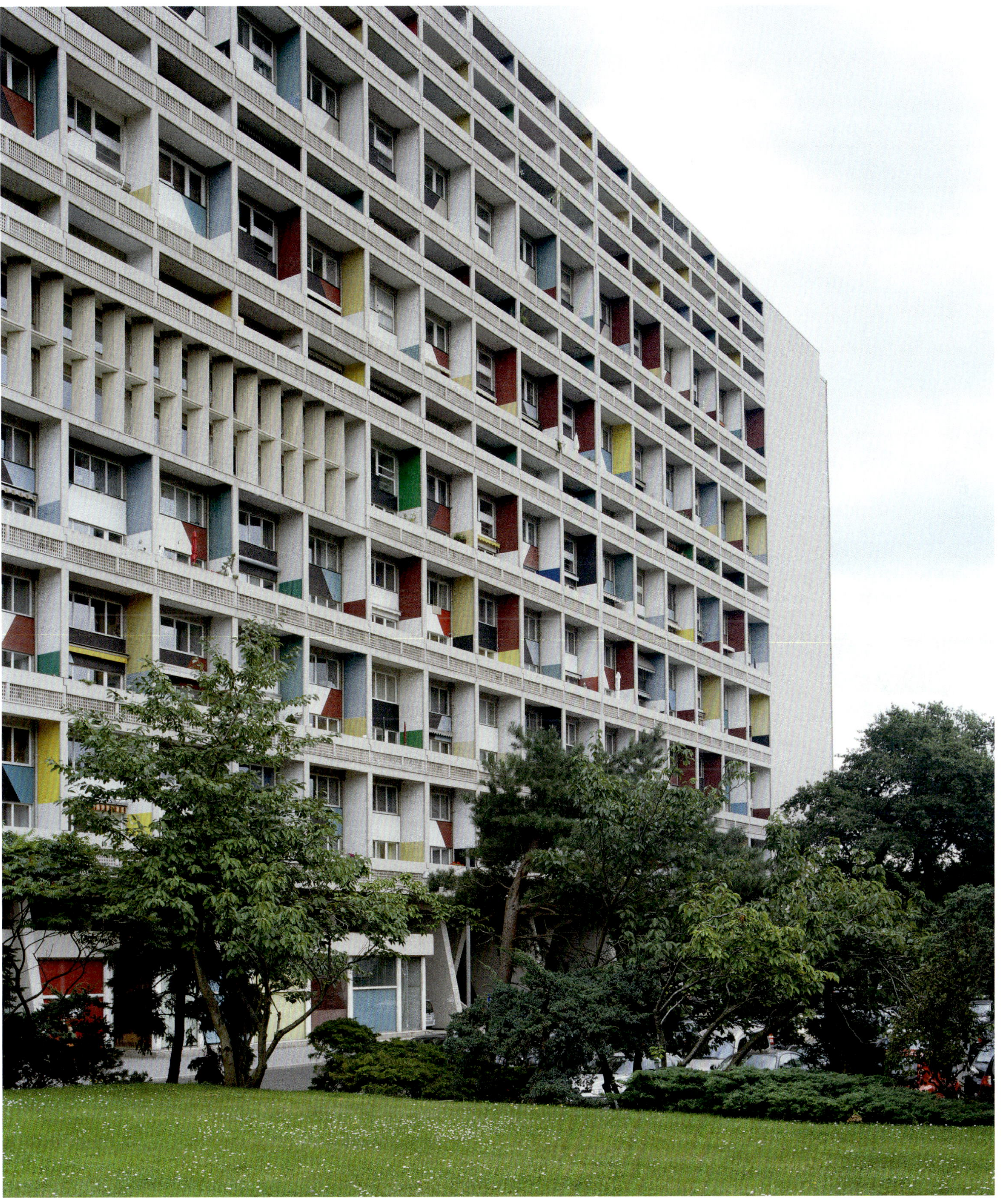

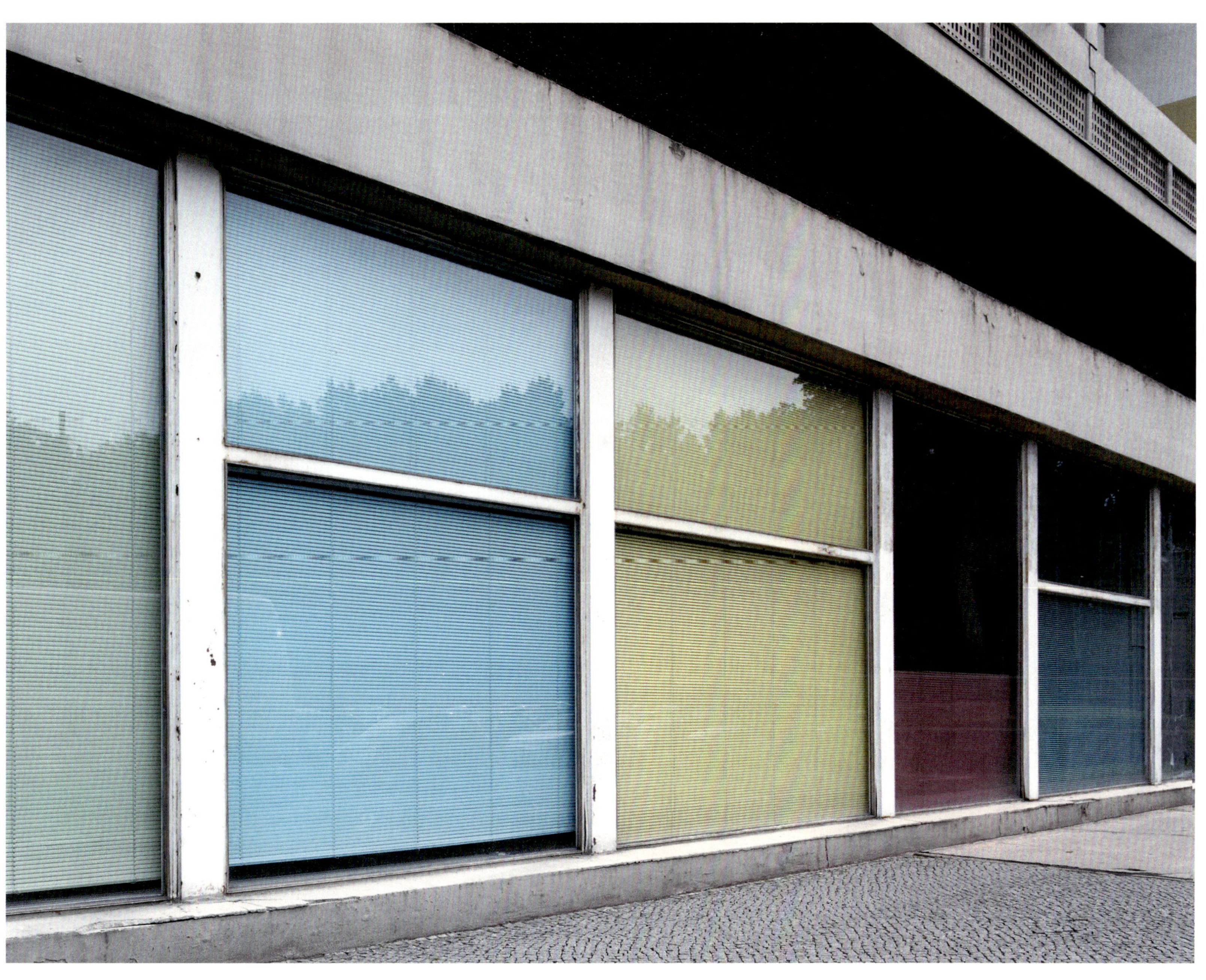

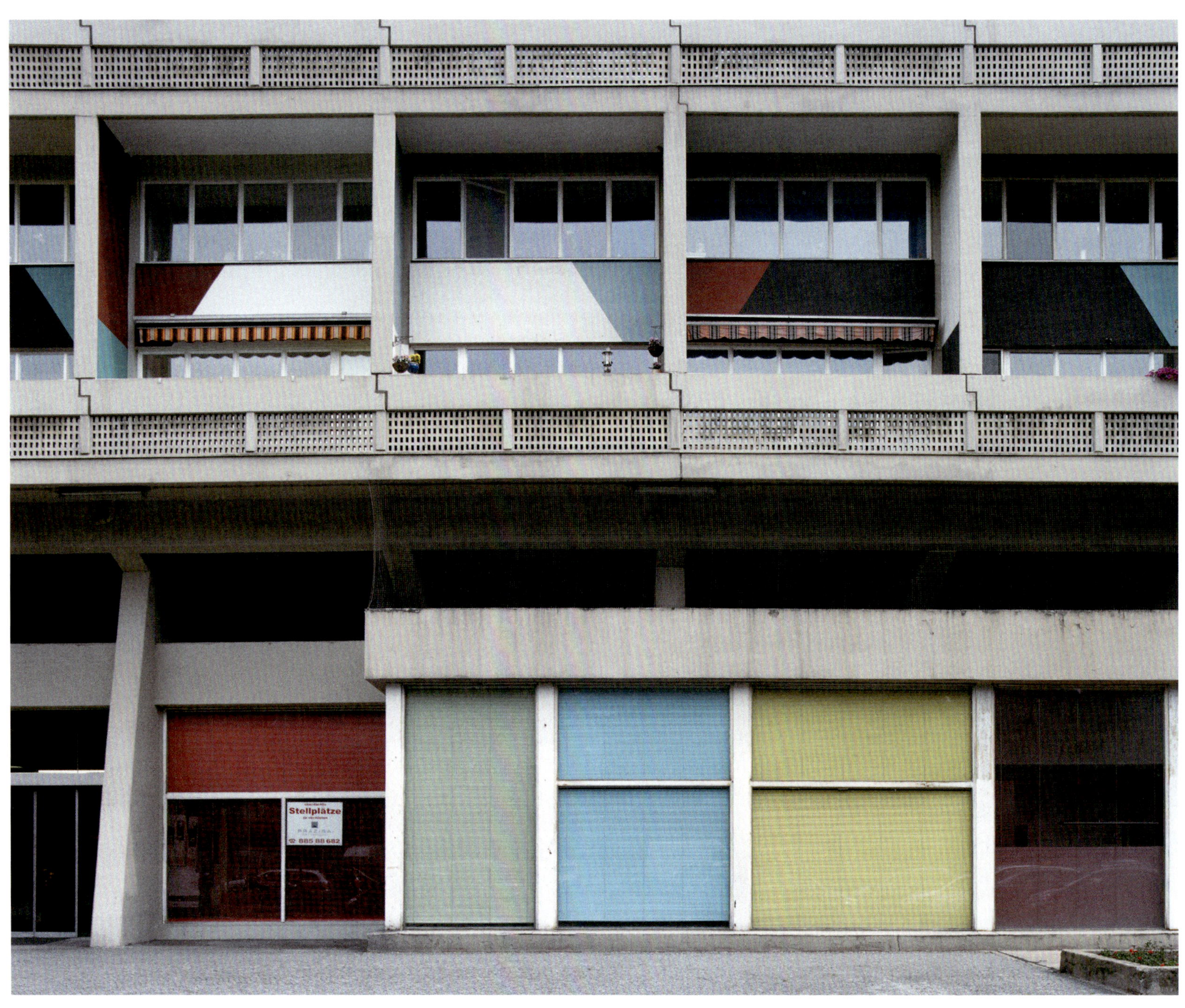
Stellplätze
885 88 682

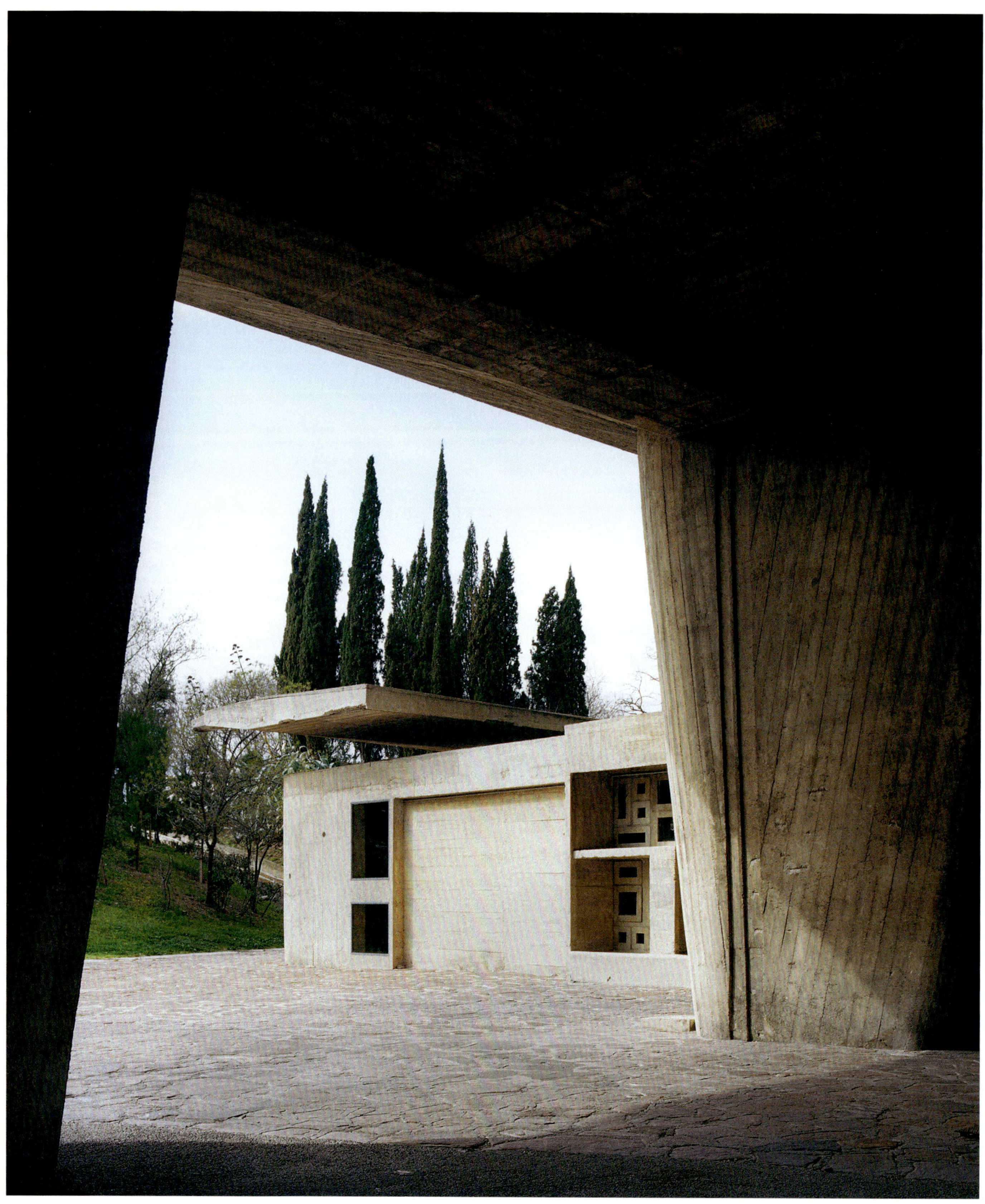

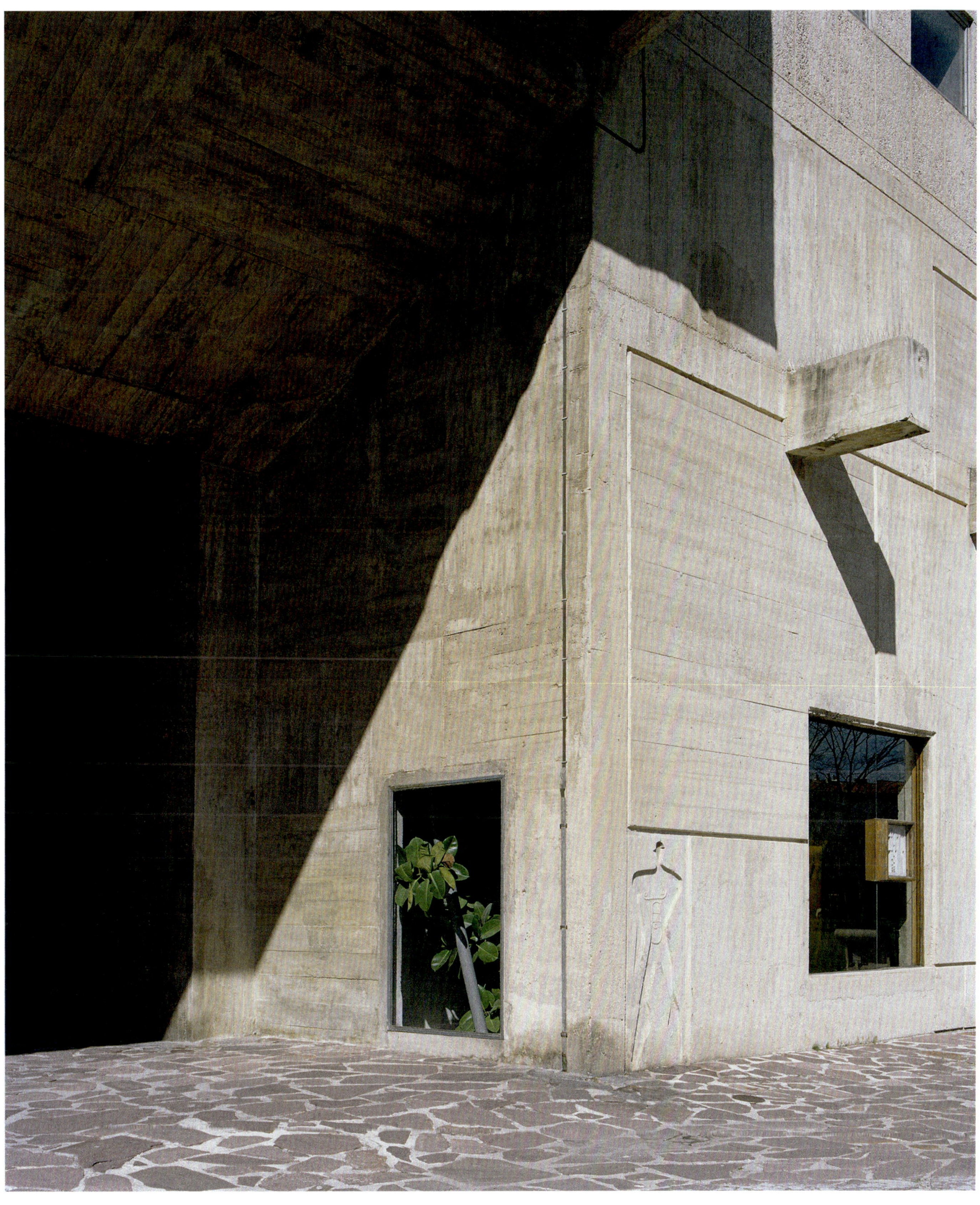

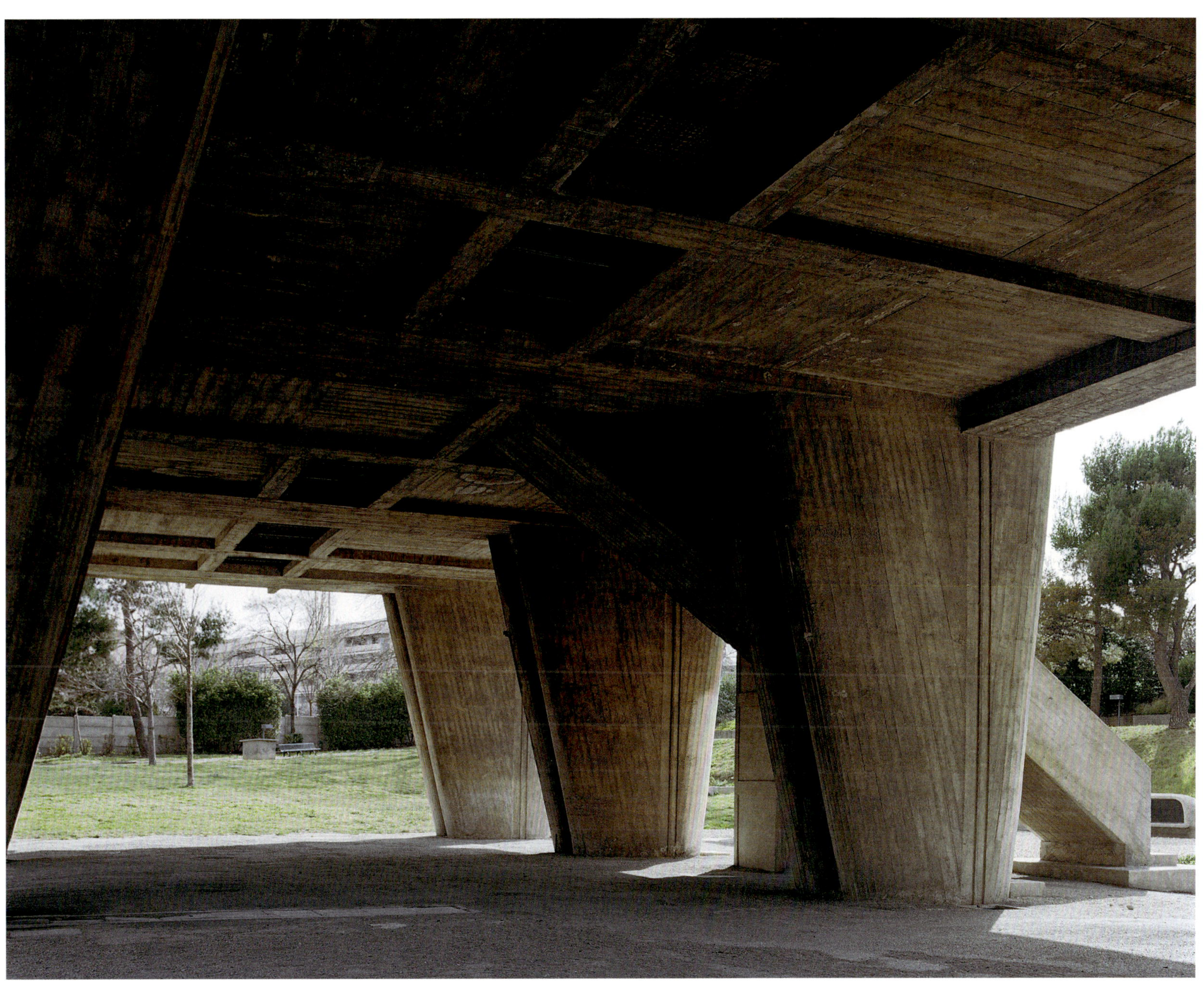

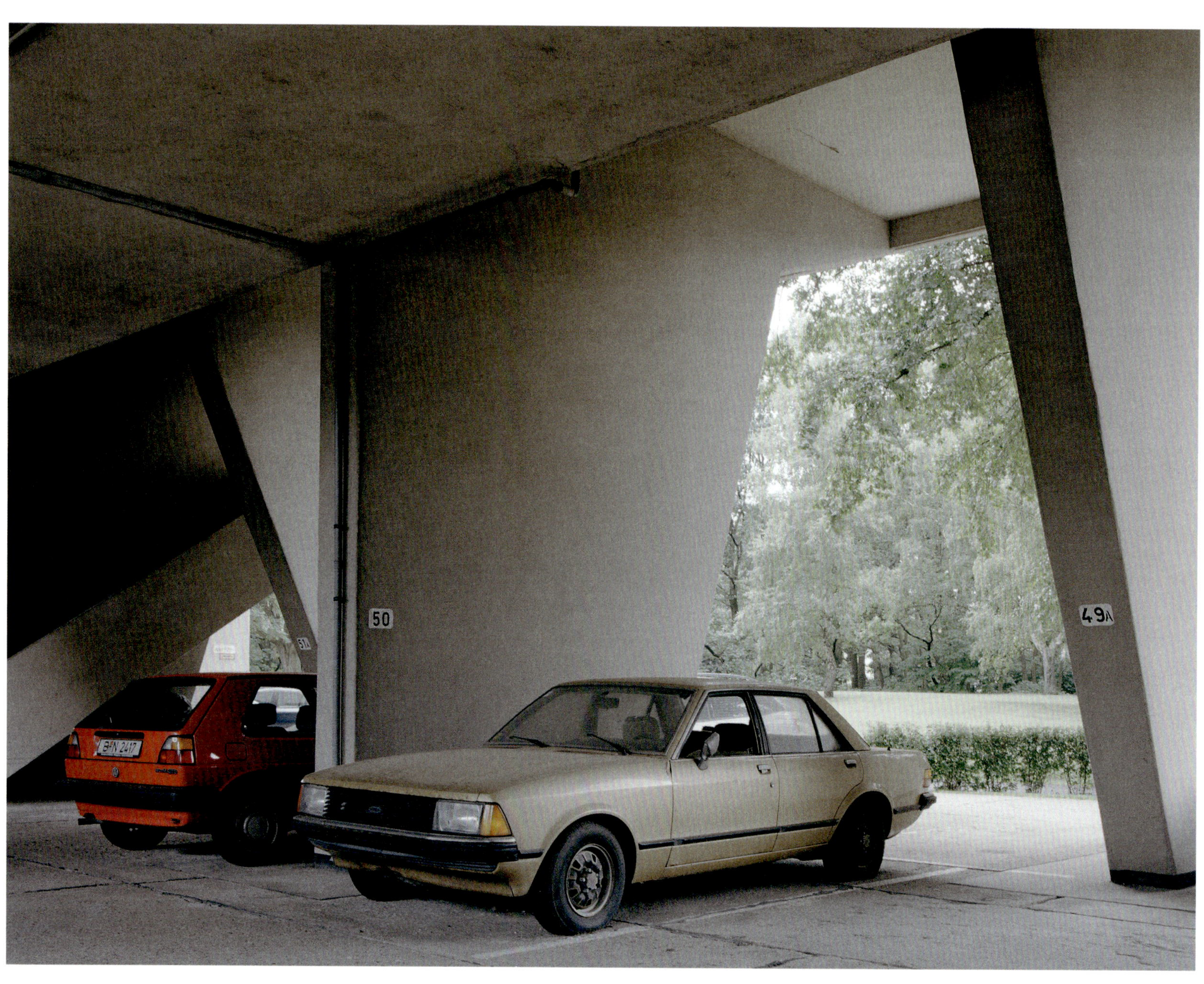
50
49A

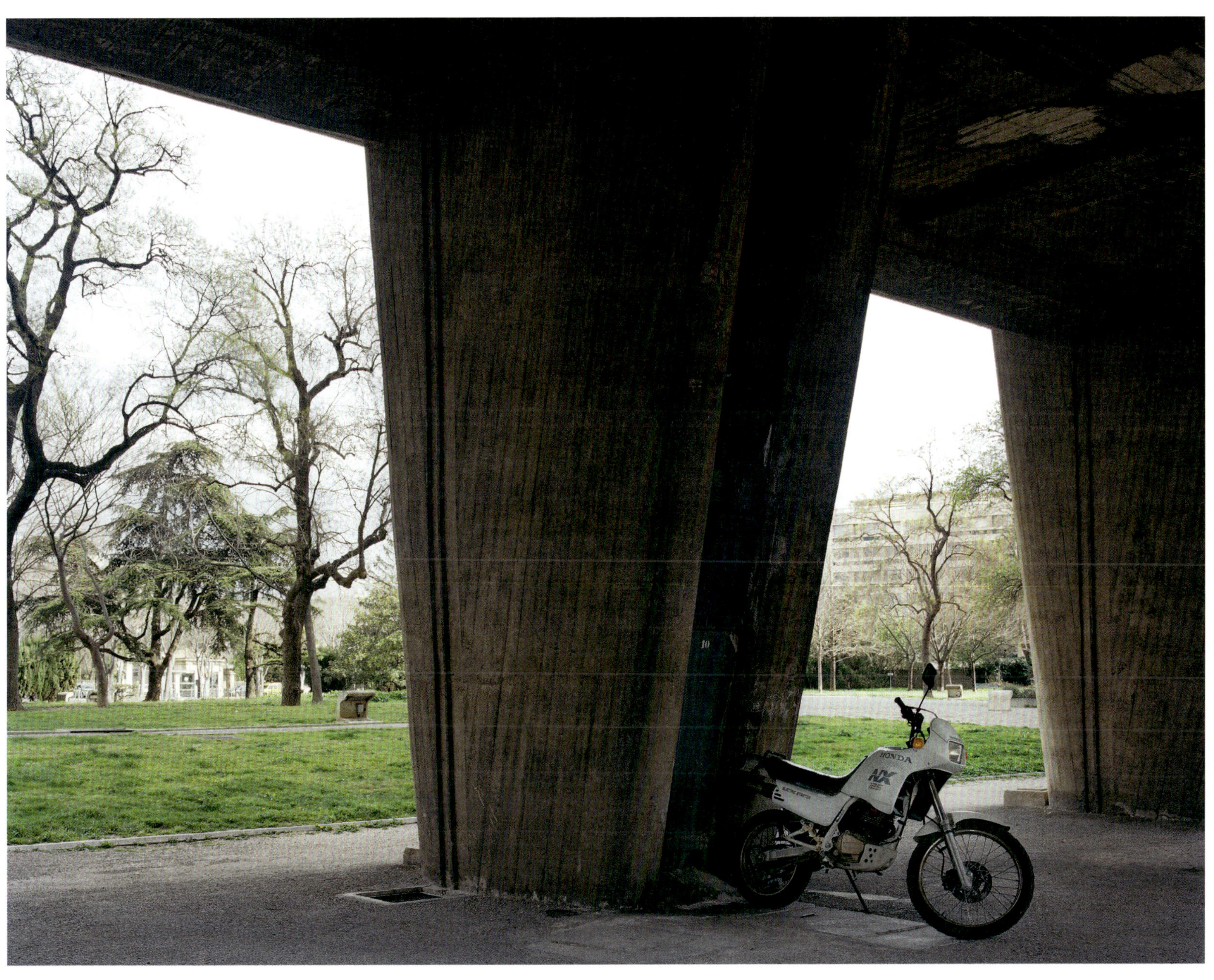
HONDA
NX

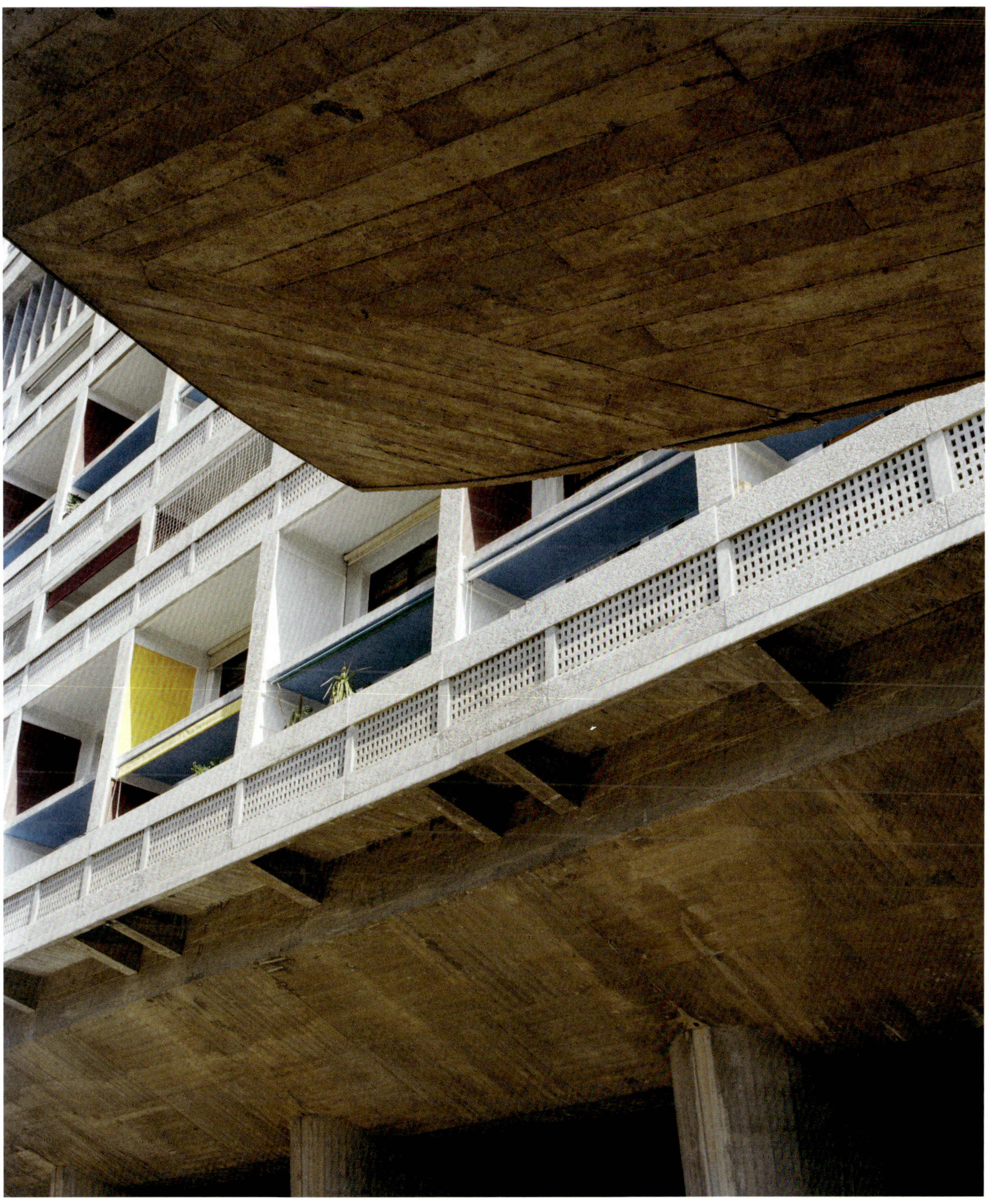

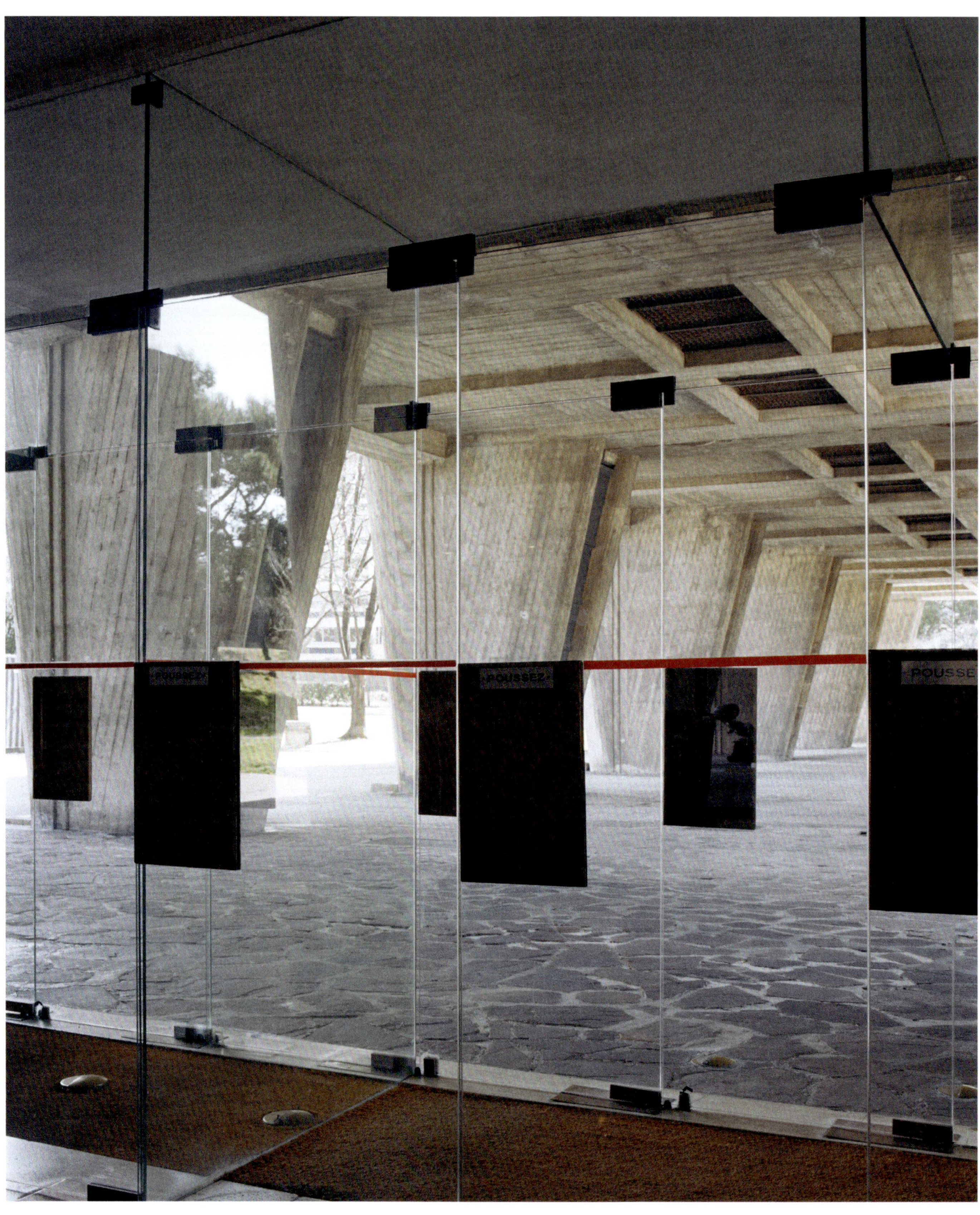
POUSSEZ
POUSSE

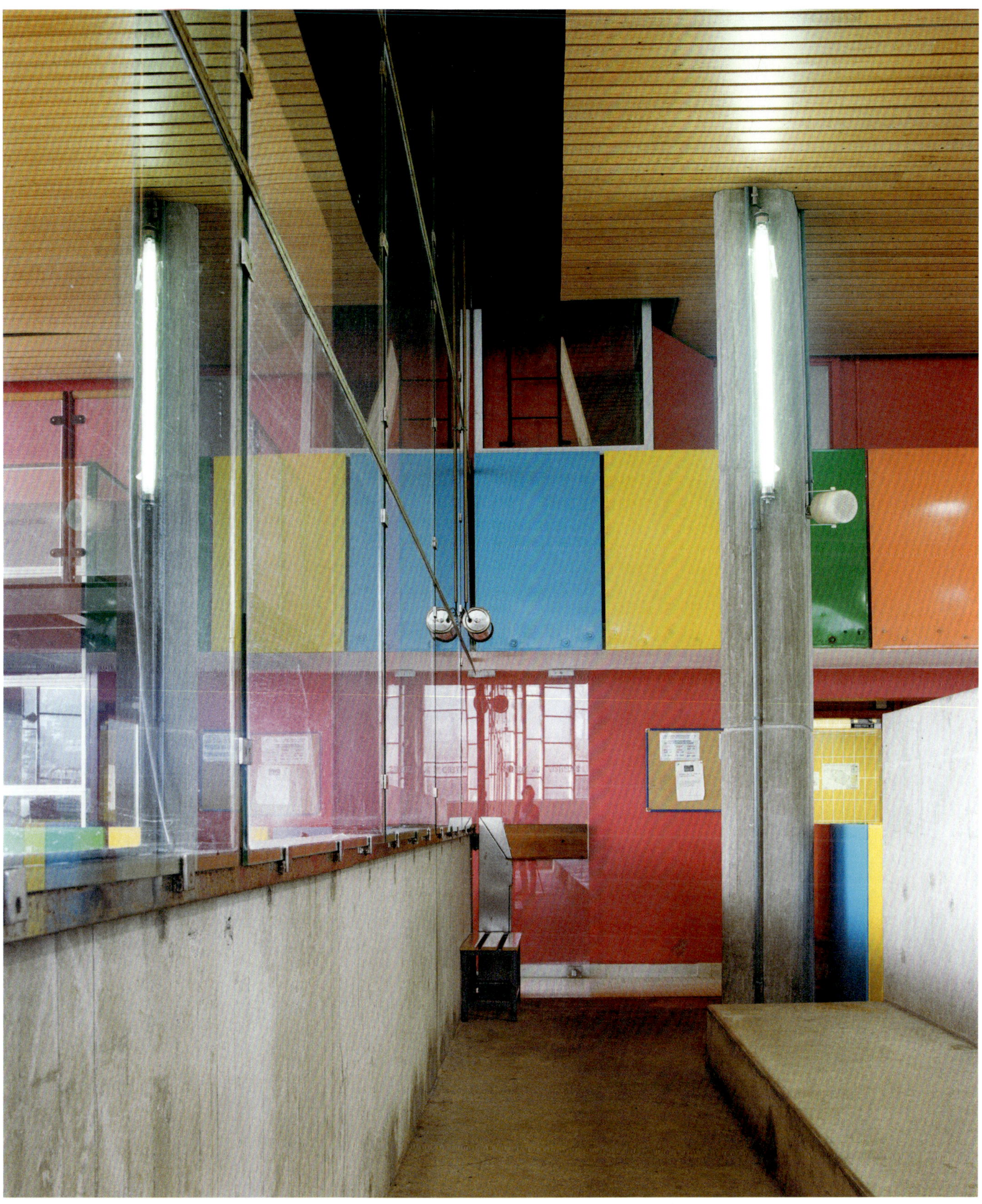

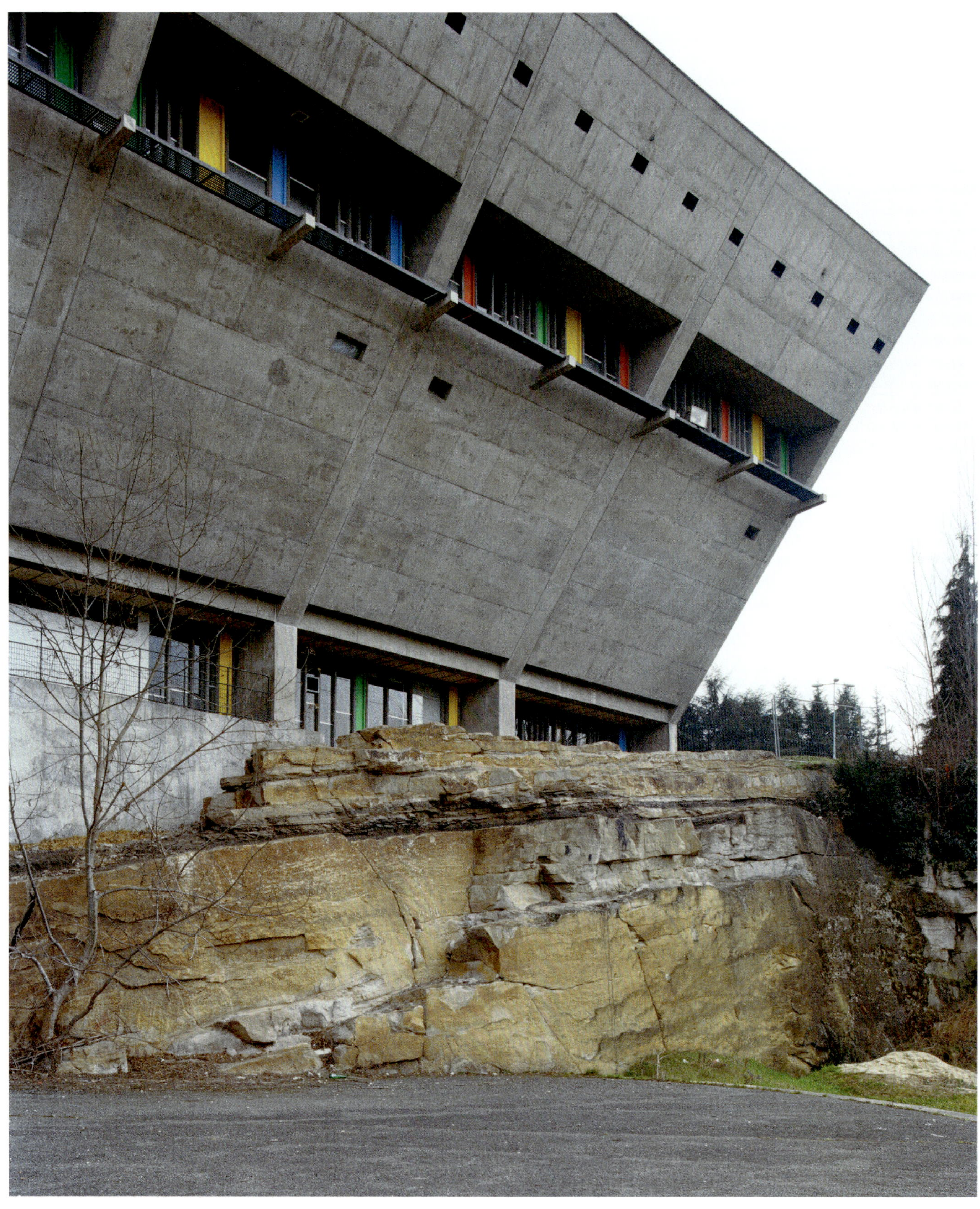

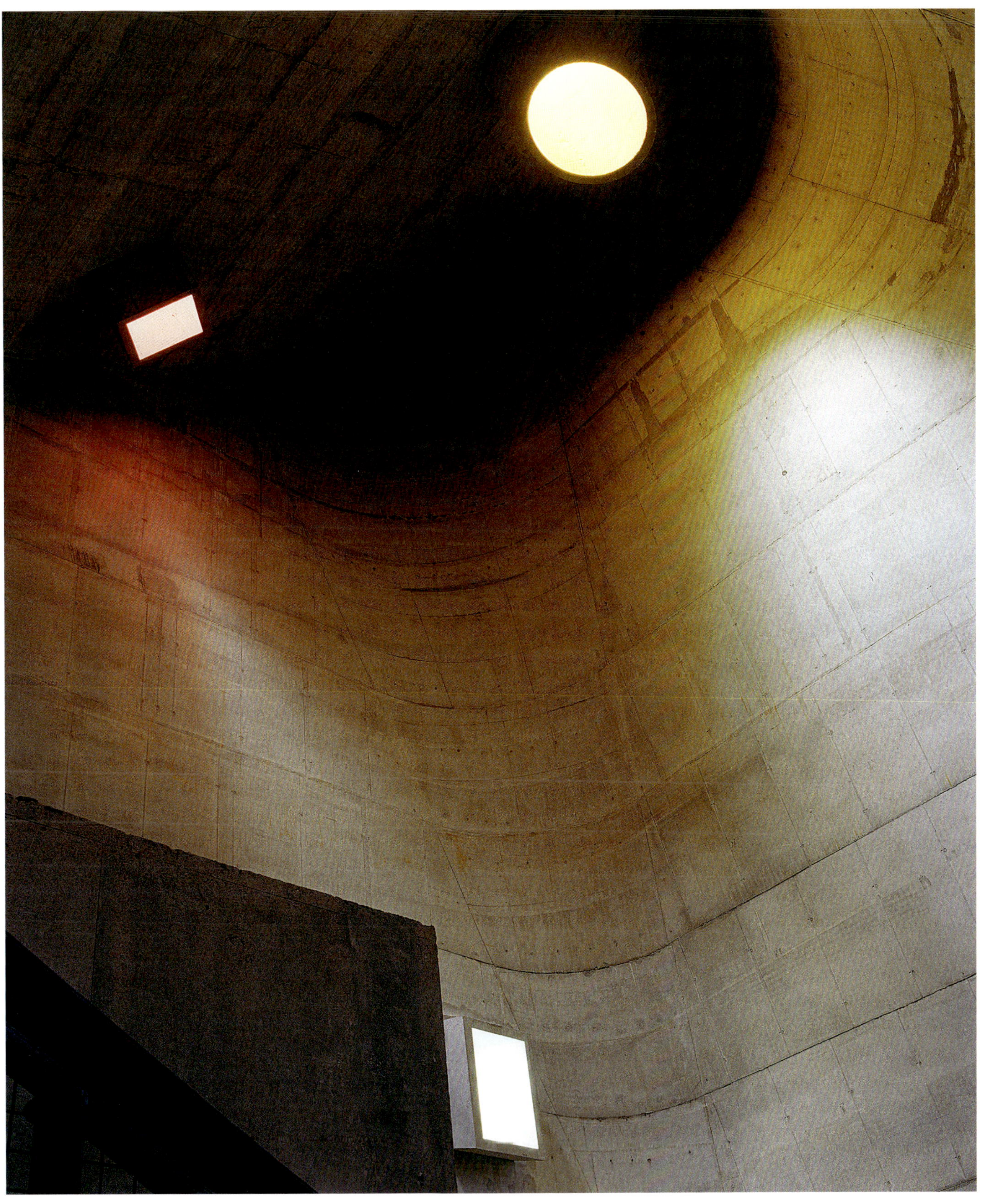

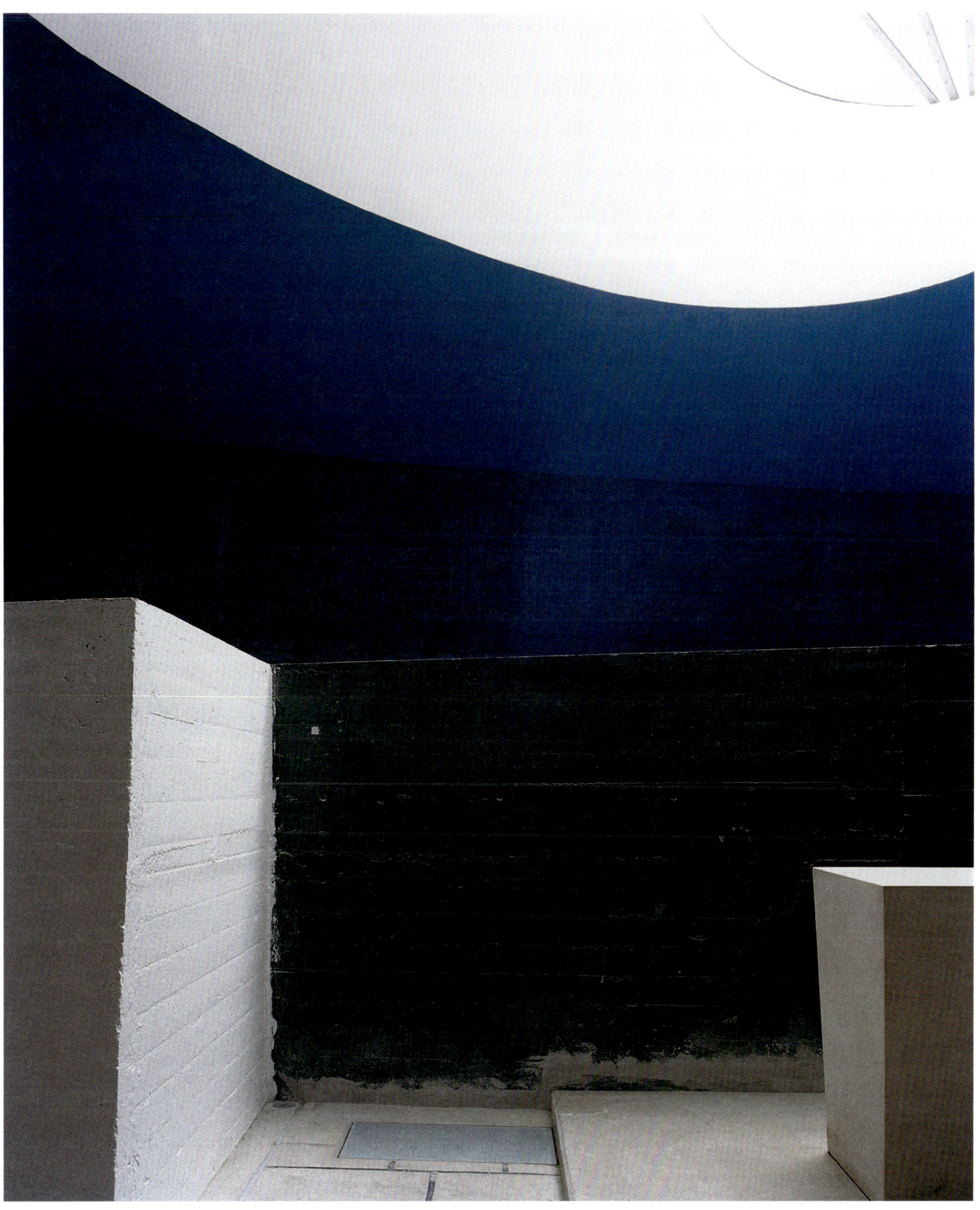

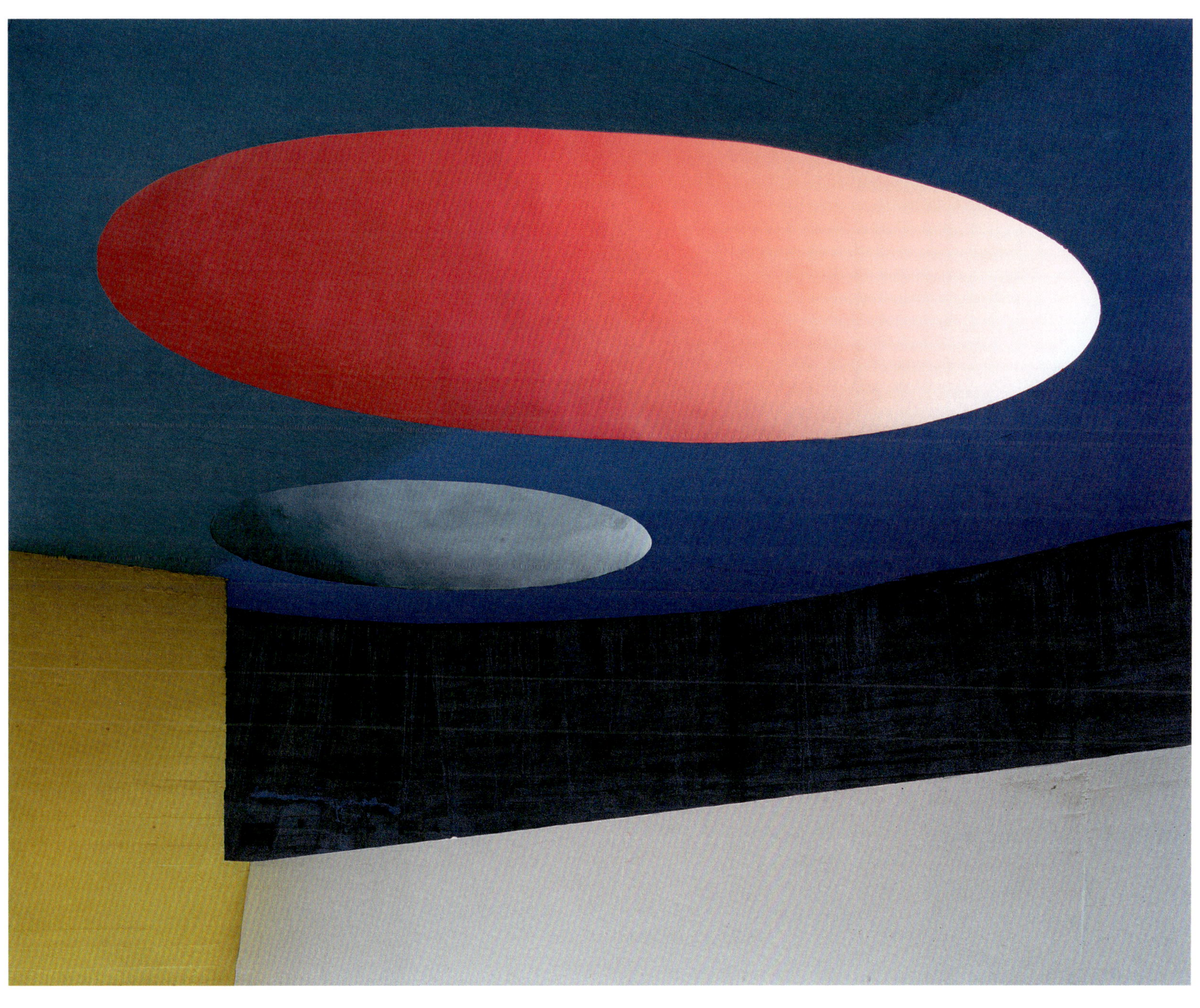

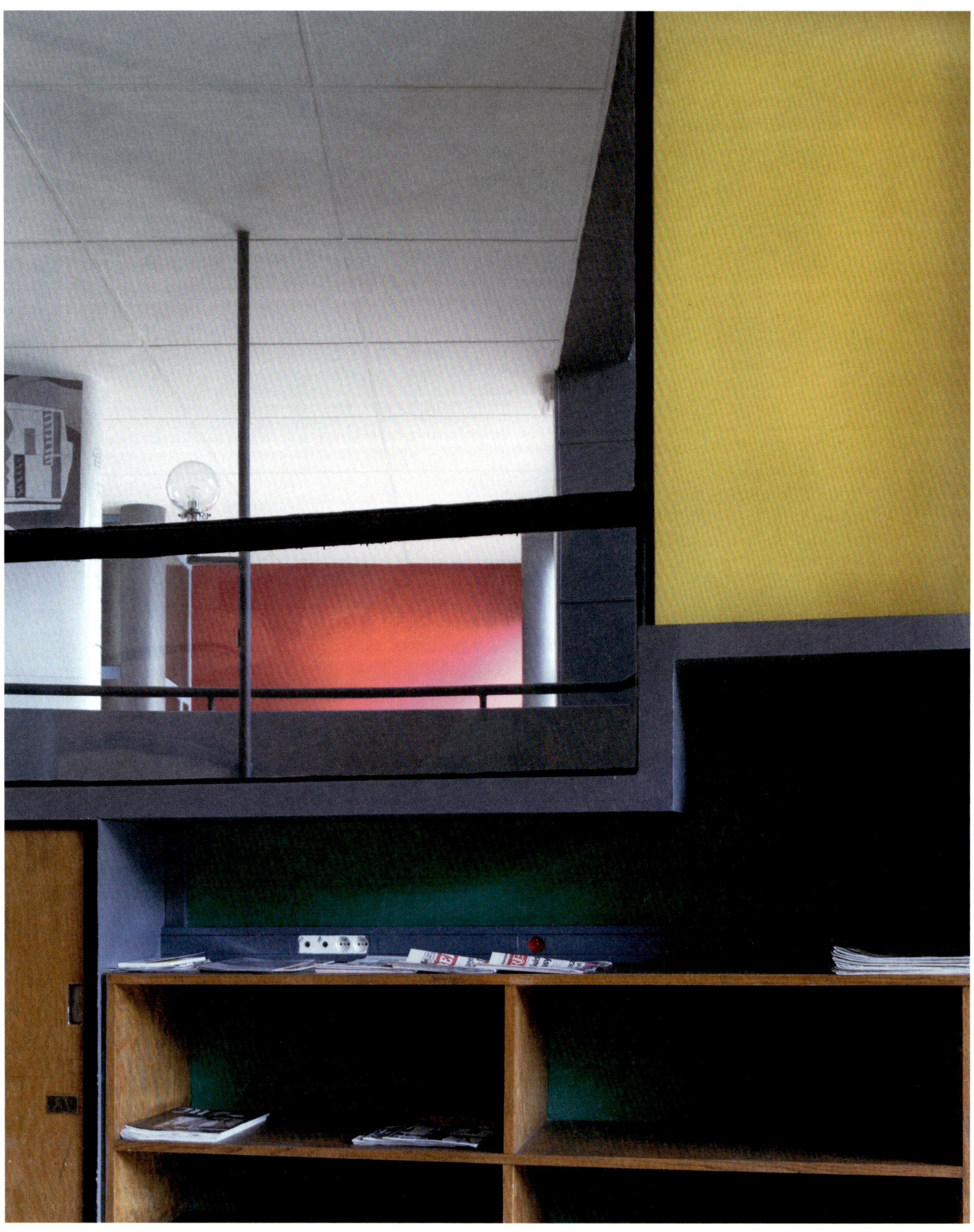

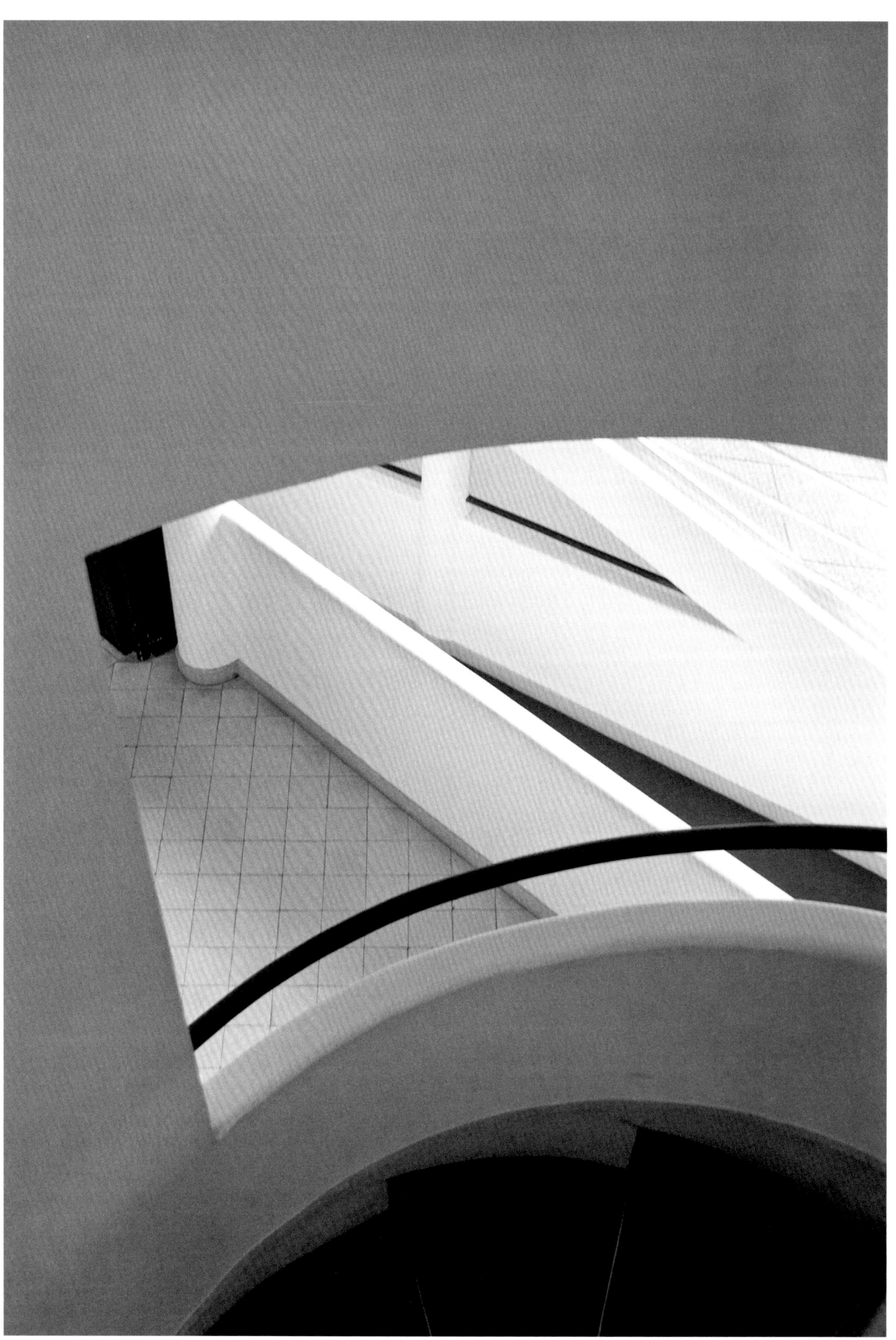

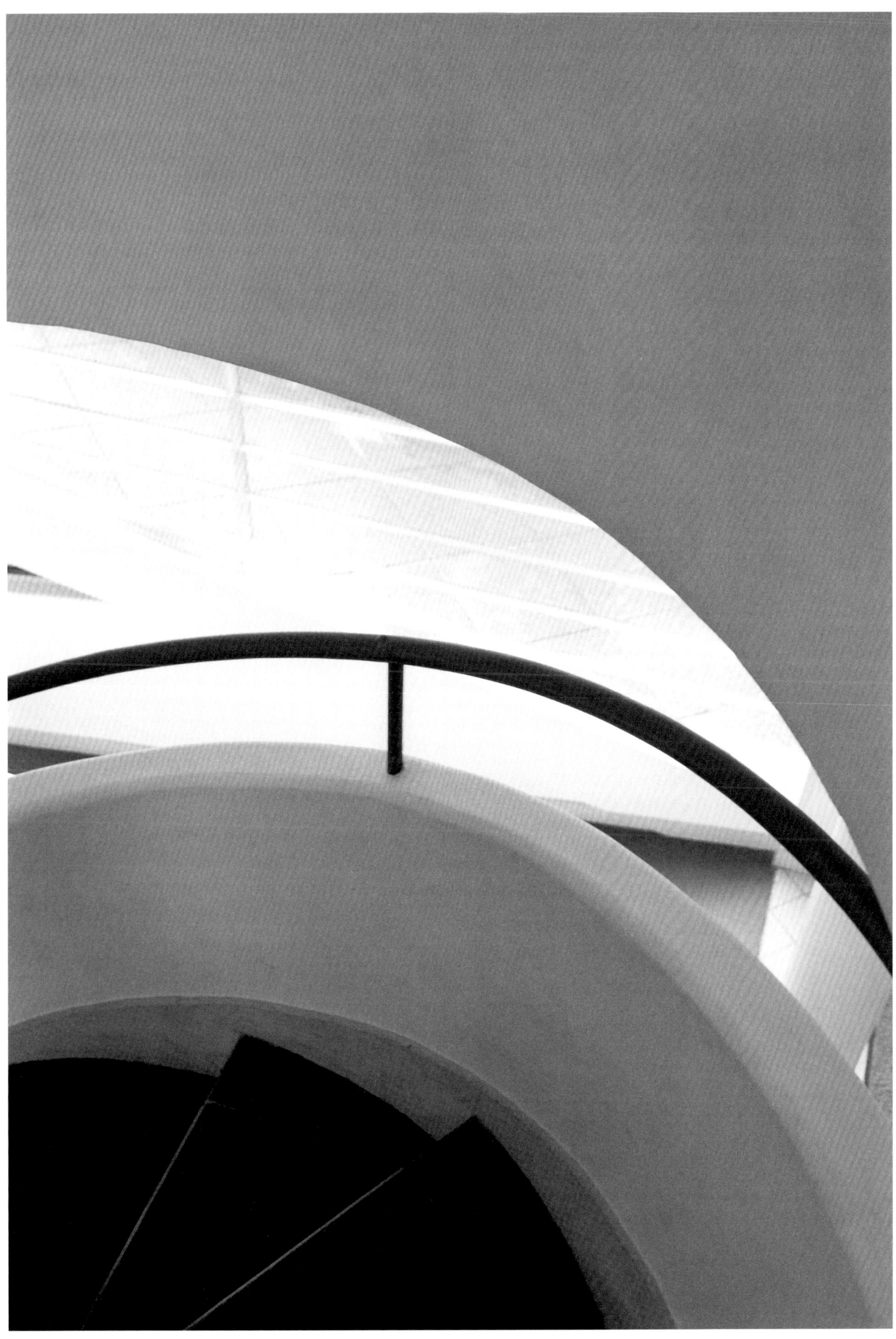

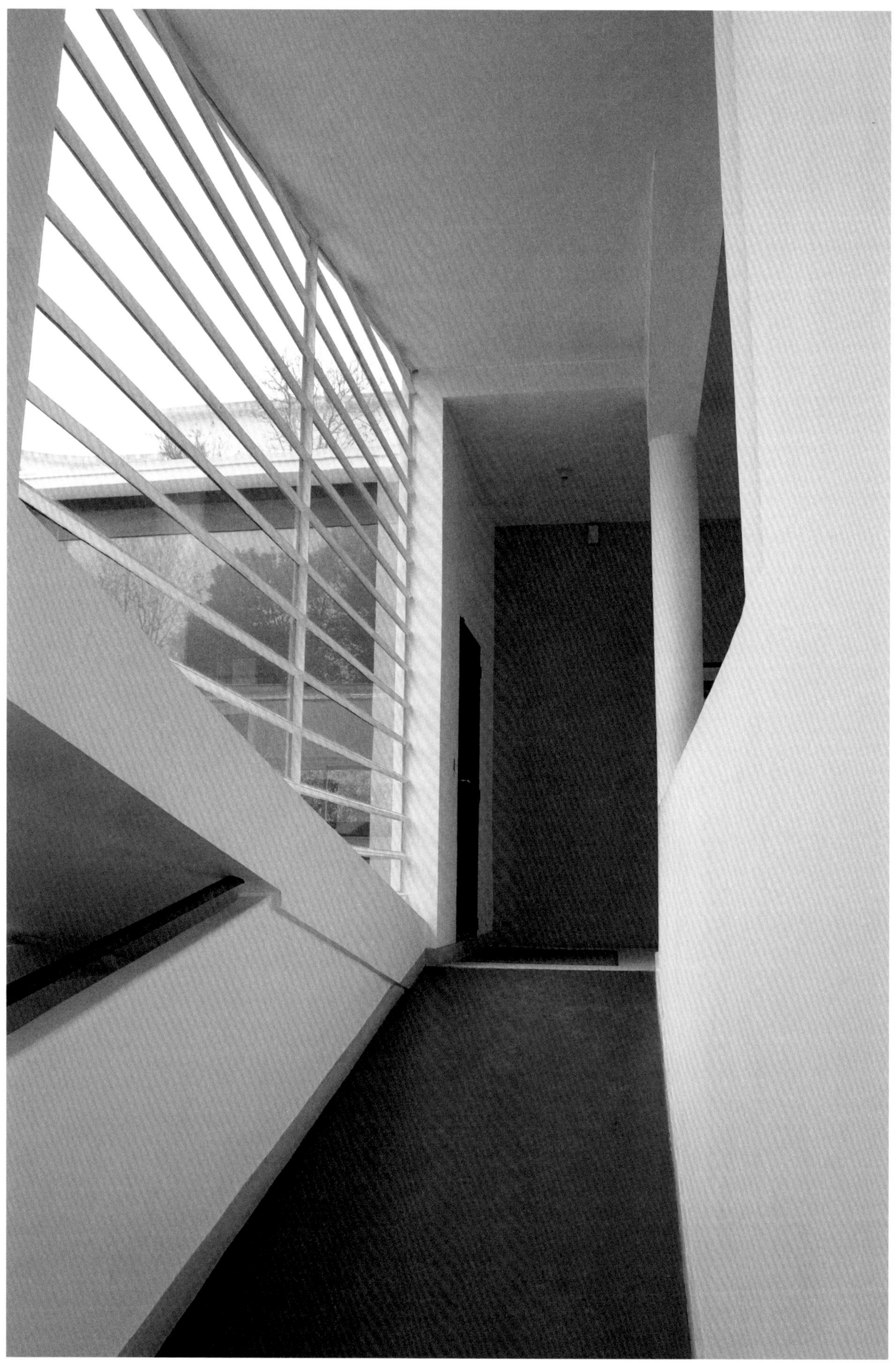

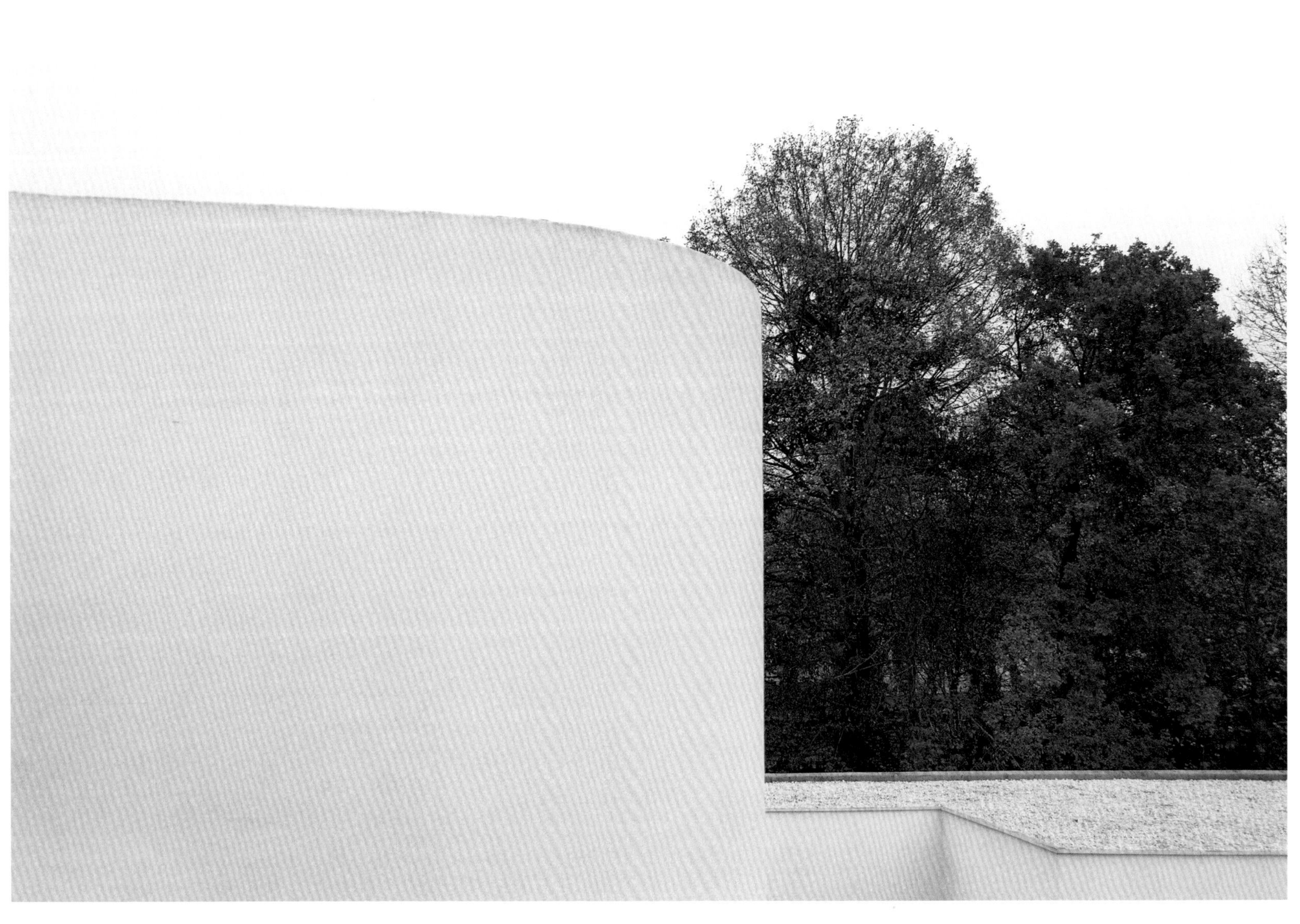

Installationsansichten

Installation views

Spinnerei archiv massiv, Leipzig, 2013
Museum Folkwang, Essen, 2014

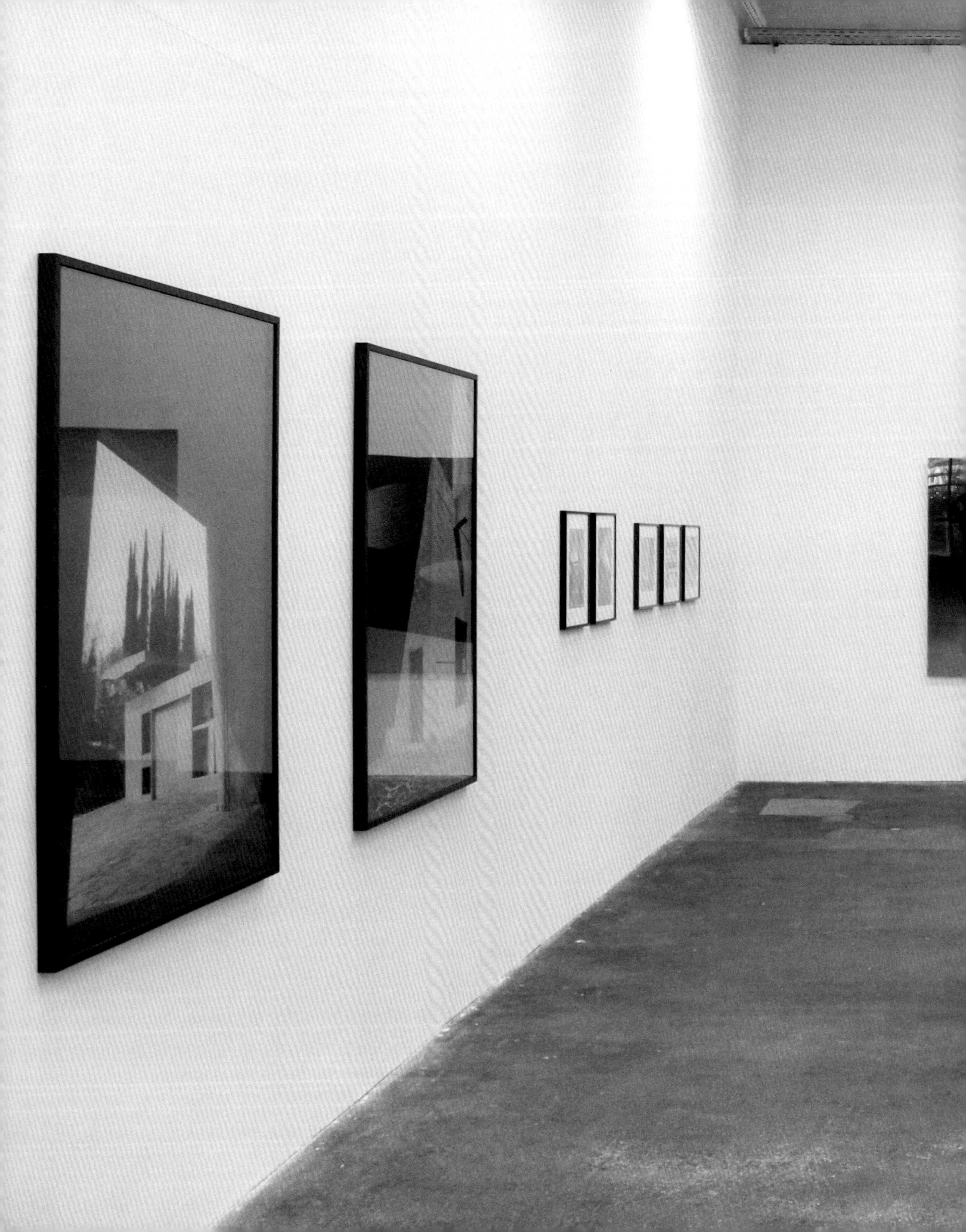

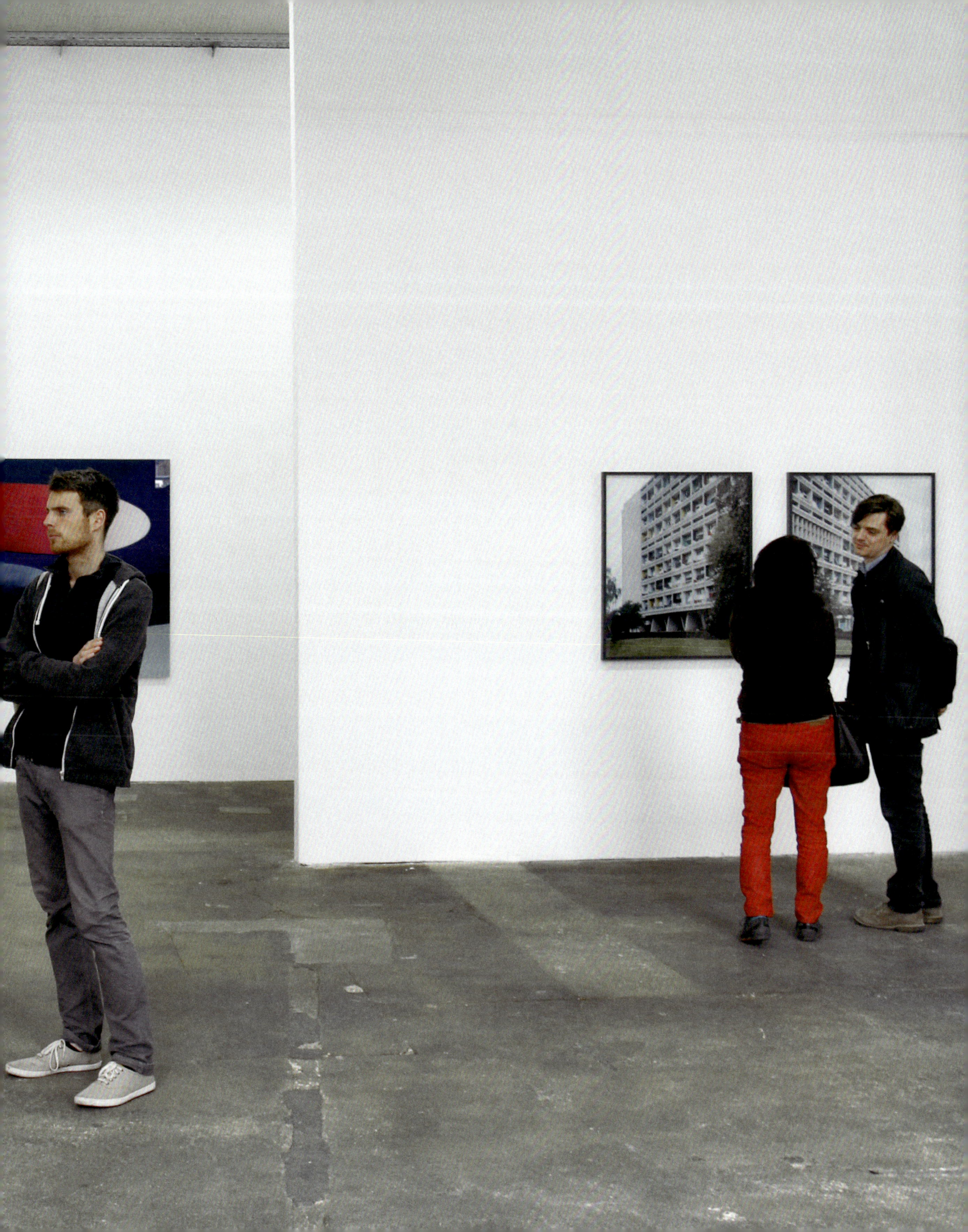

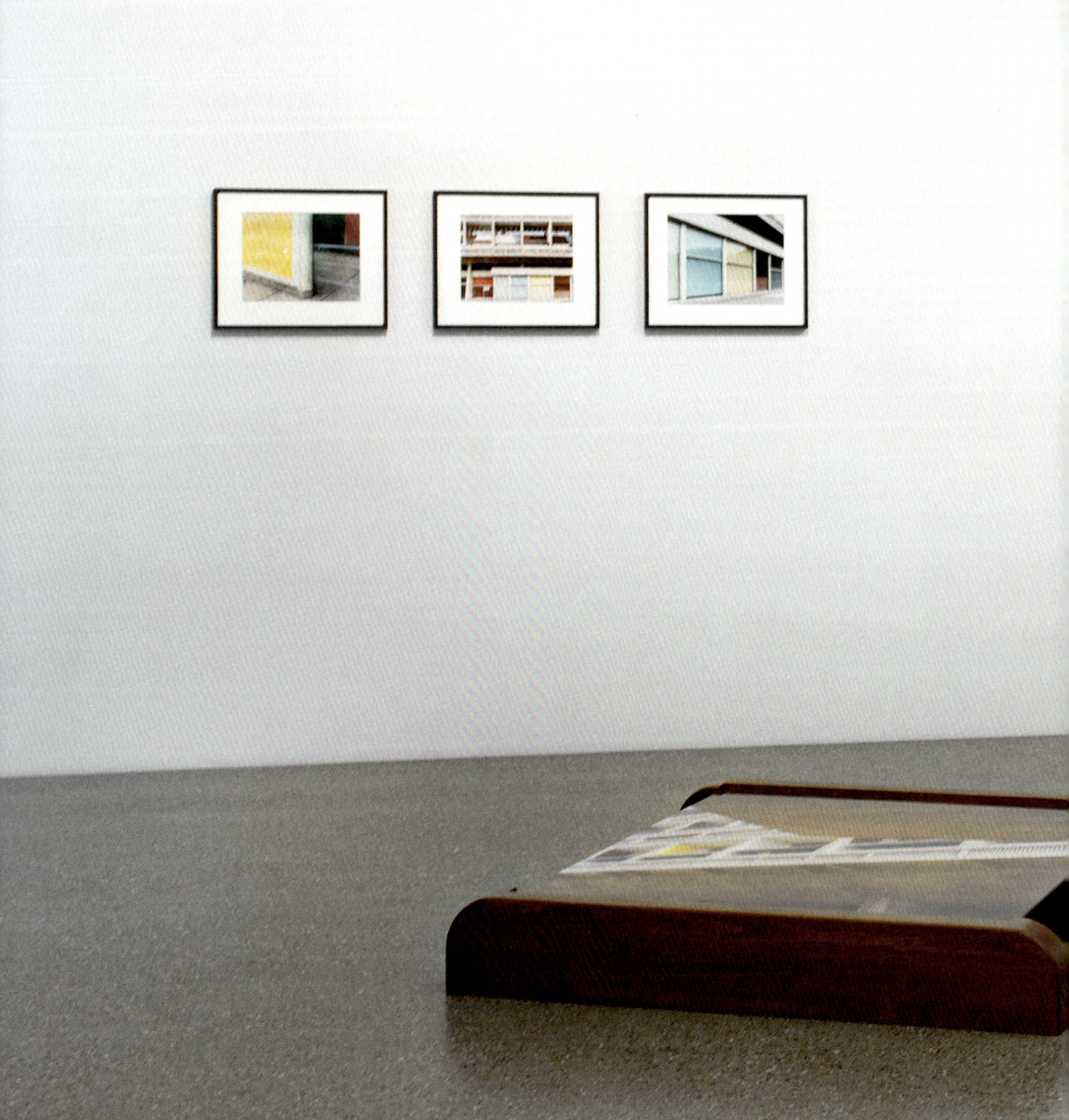

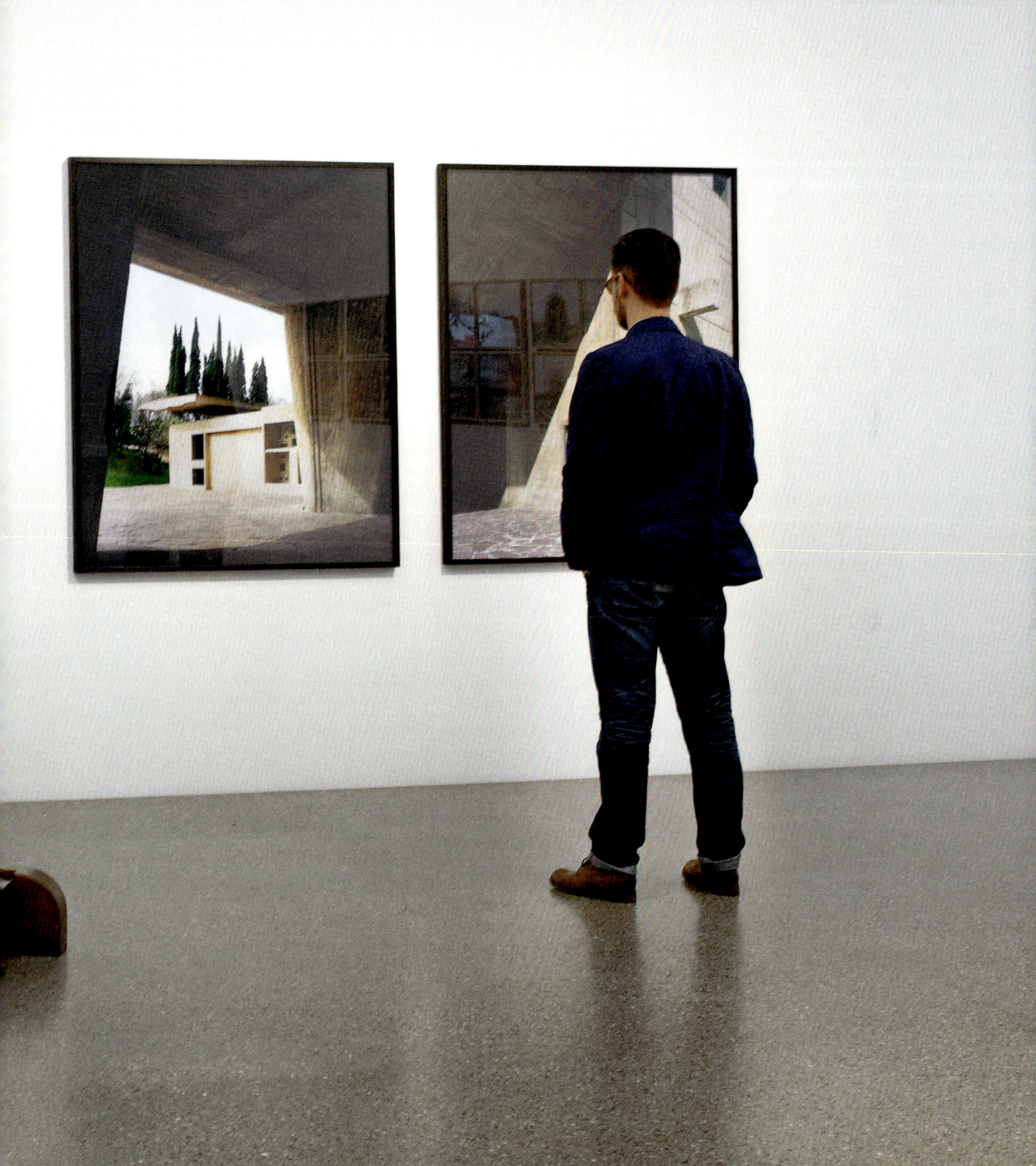

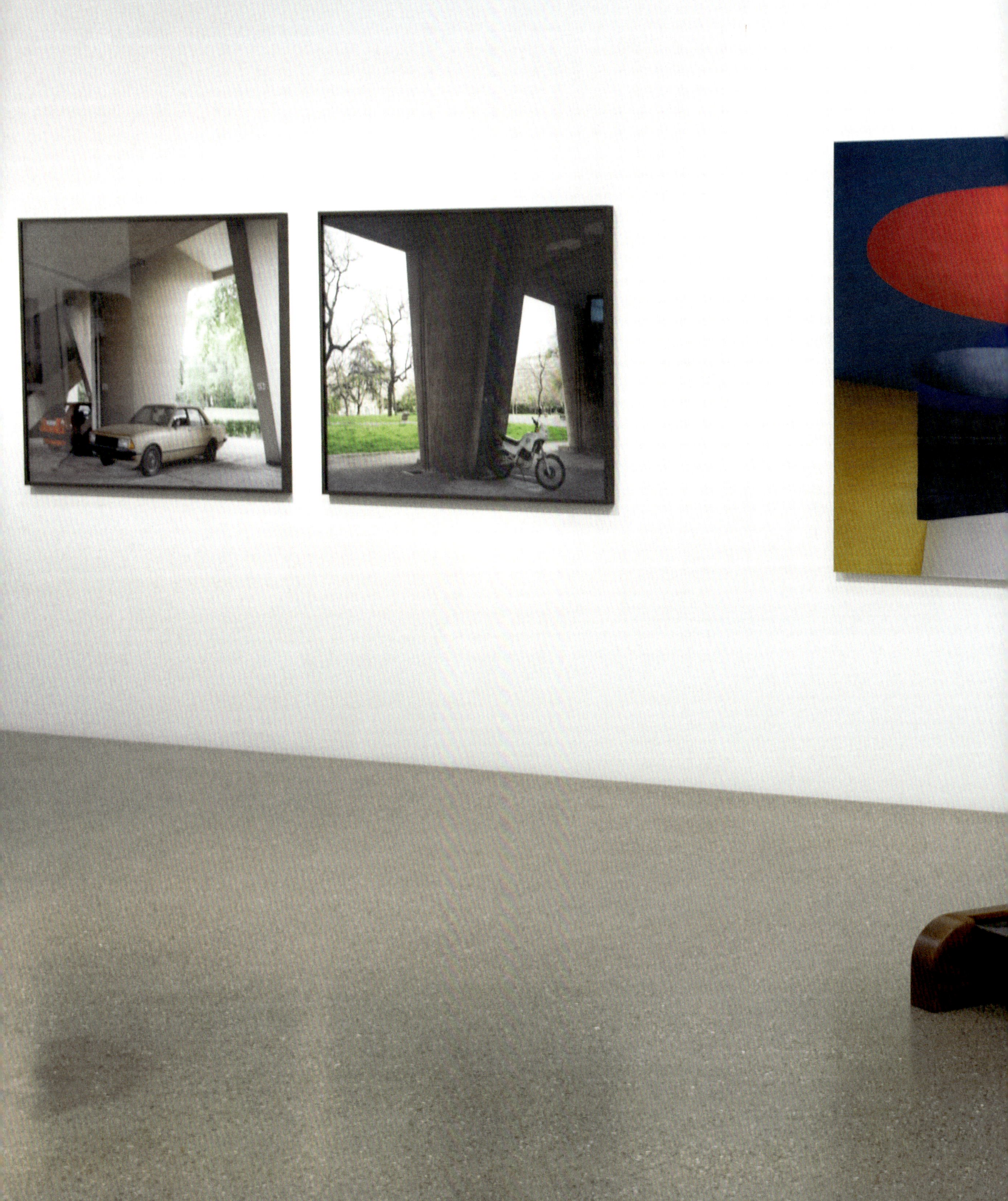

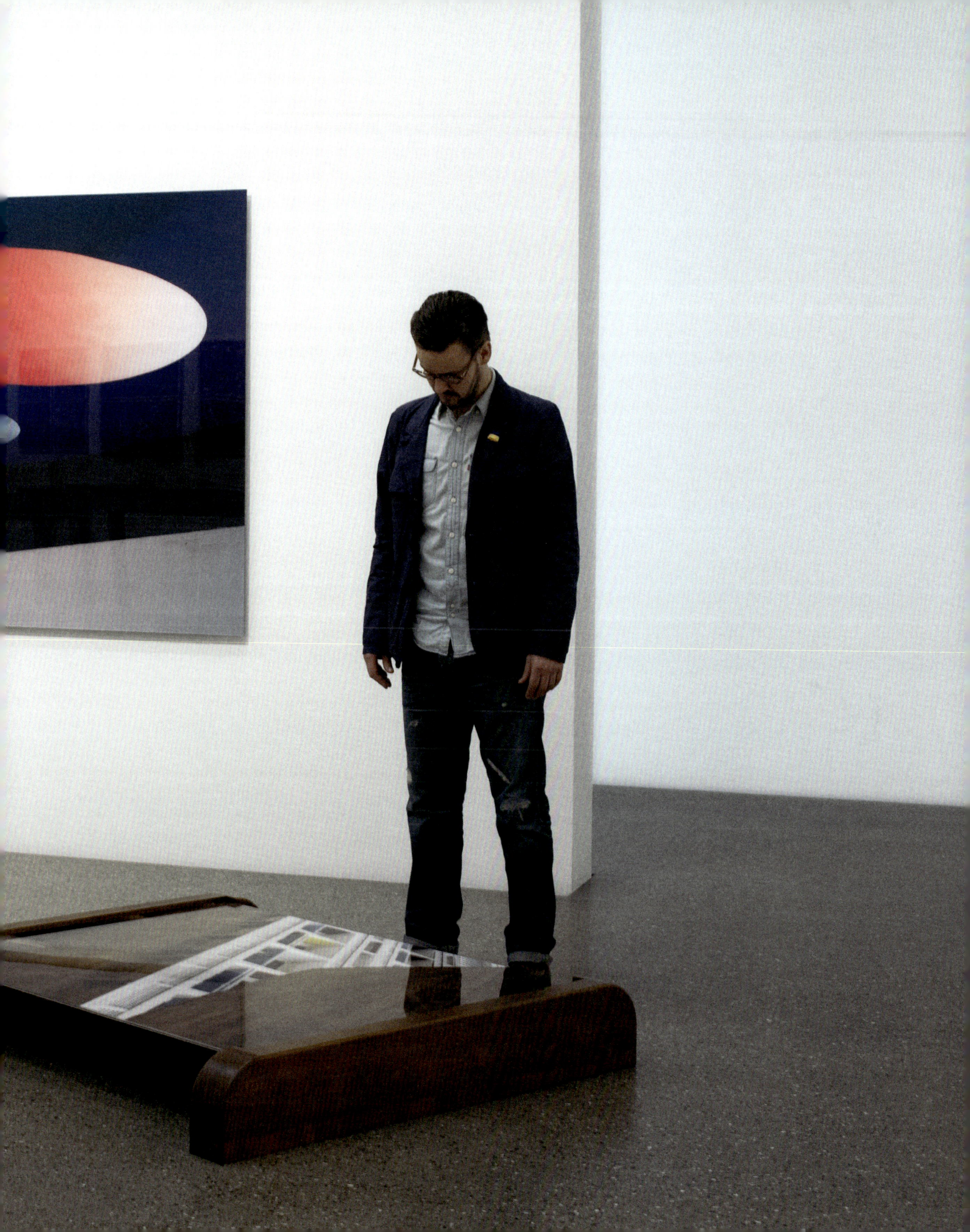

Typologien der Moderne

Typologies of Modernism

Krankenhaus, Banja Luka, Serbien, 2010

Unité d'Habitation, Berlin, Deutschland, 2012

Krankenhaus, Banja Luka, Serbien, 2010

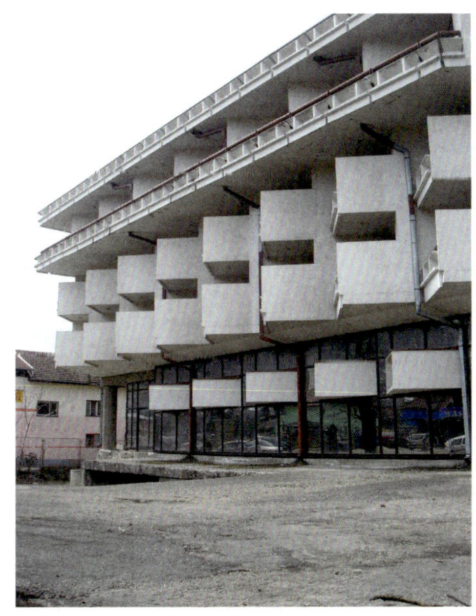
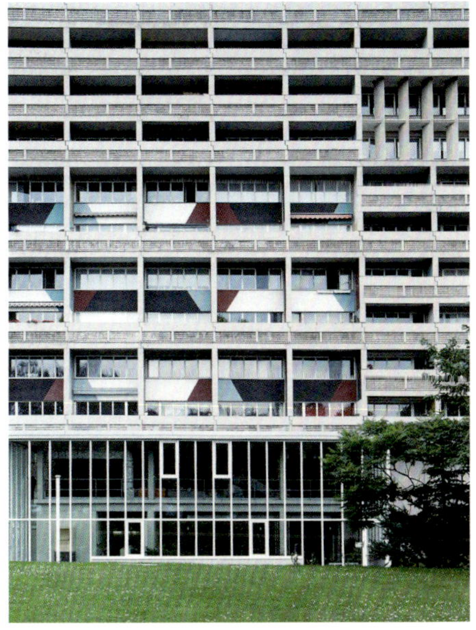
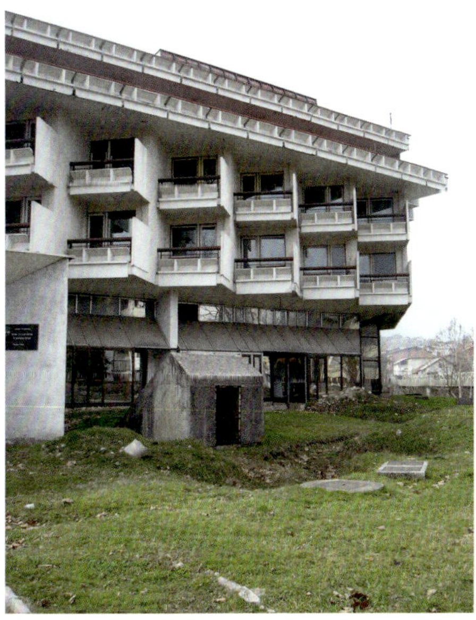

Figurengruppe, Bratislava, Slowakei, 2009

Place du Trocadéro, Paris, Frankreich, 2012

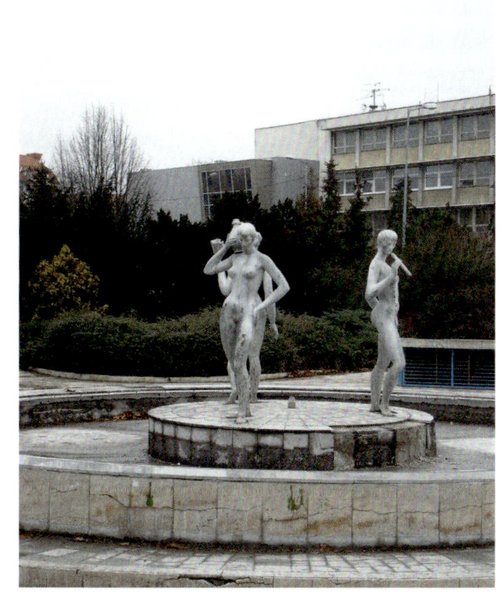

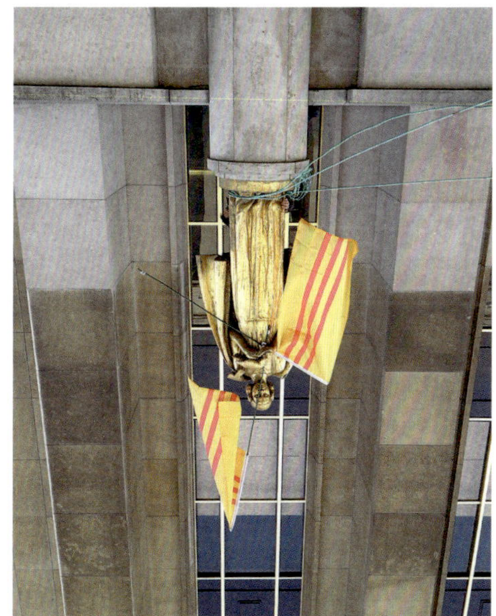

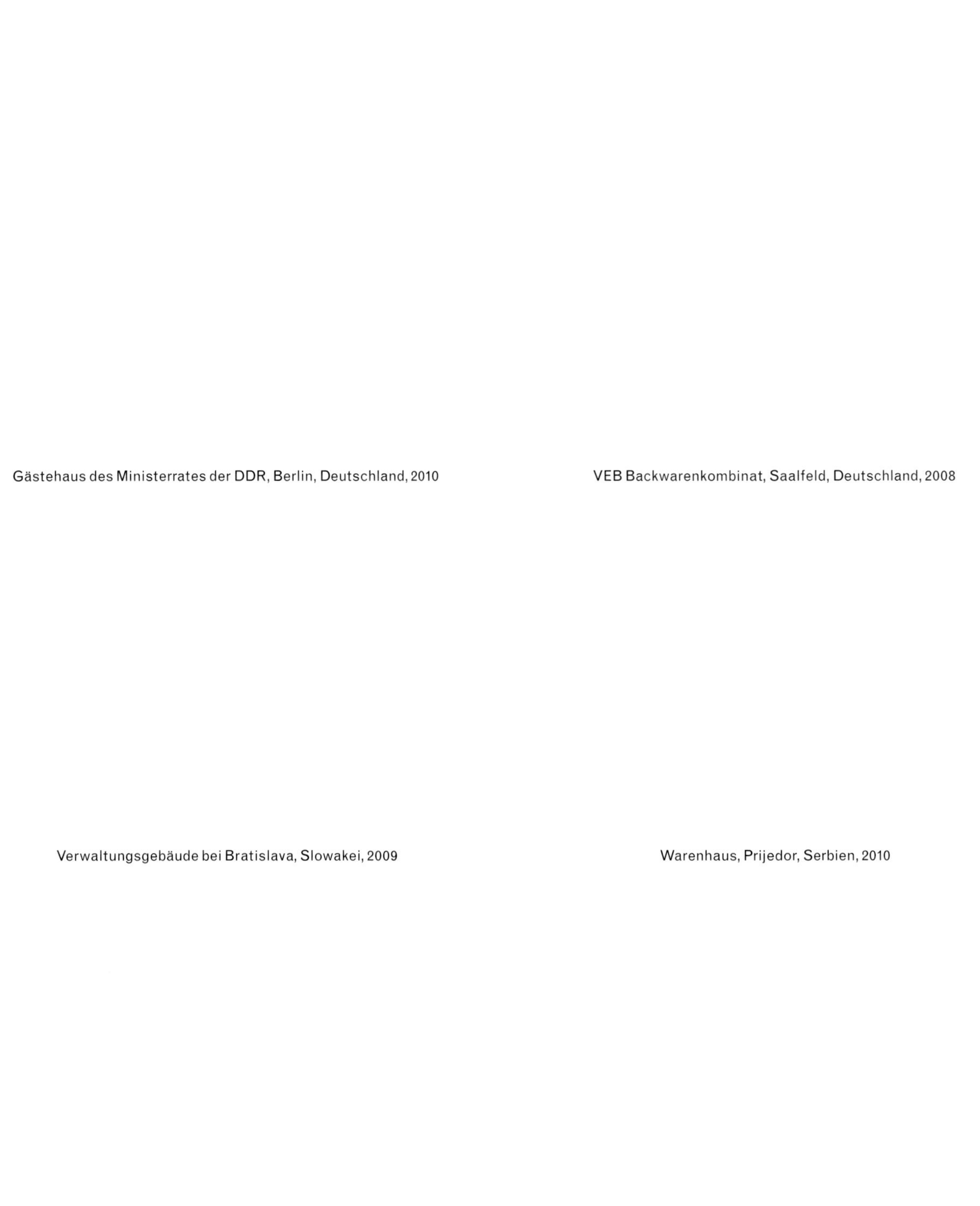

Gästehaus des Ministerrates der DDR, Berlin, Deutschland, 2010

VEB Backwarenkombinat, Saalfeld, Deutschland, 2008

Verwaltungsgebäude bei Bratislava, Slowakei, 2009

Warenhaus, Prijedor, Serbien, 2010

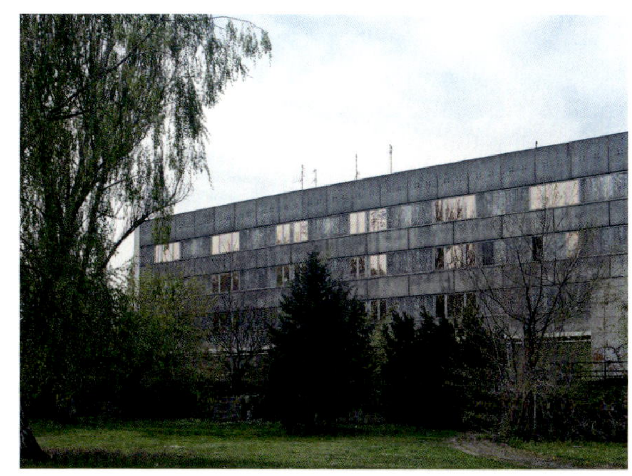

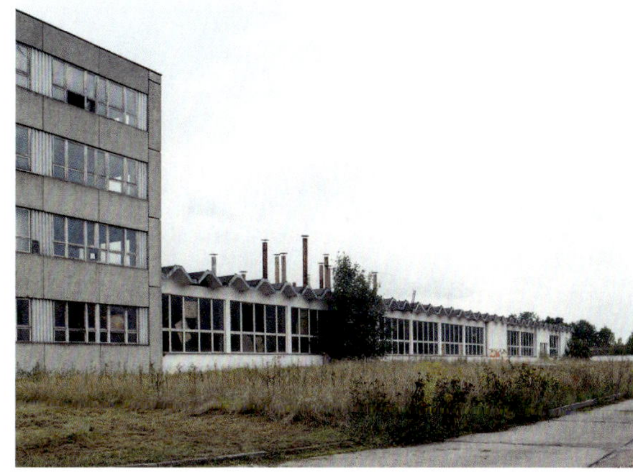

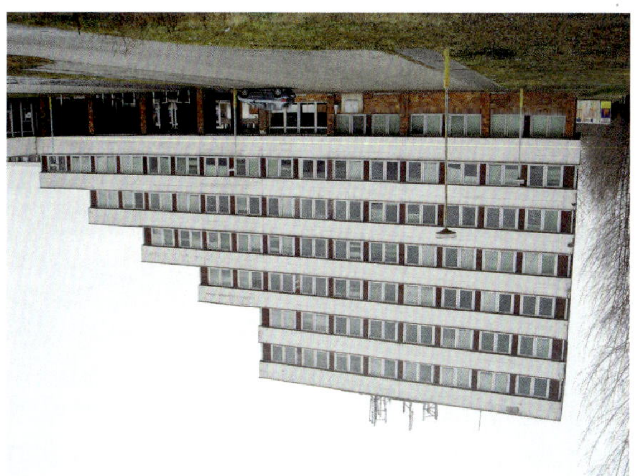

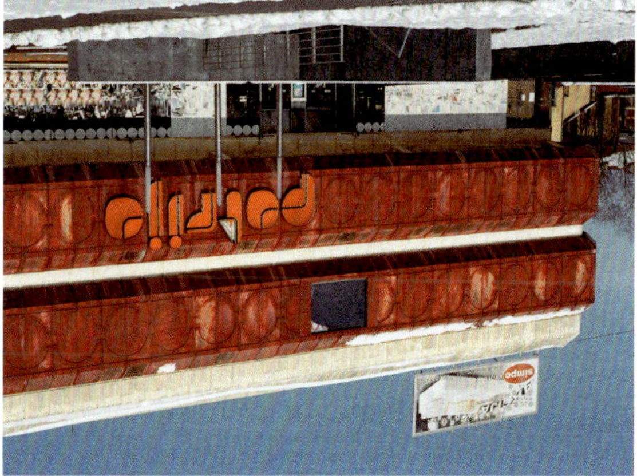

Biospère, Montreal, Kanada, 2014

Wasserturm, Leipzig, Deutschland, 2014

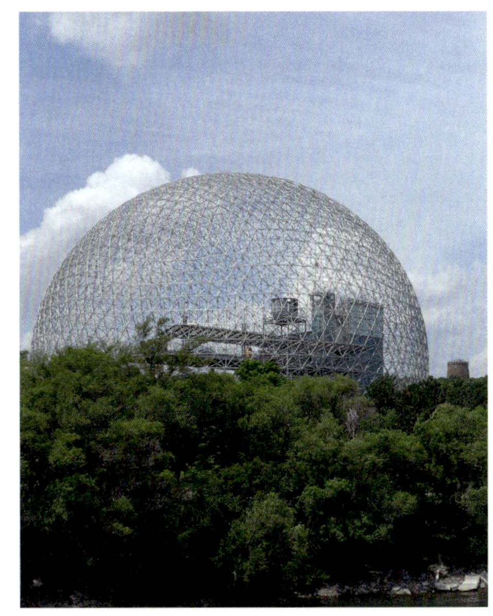

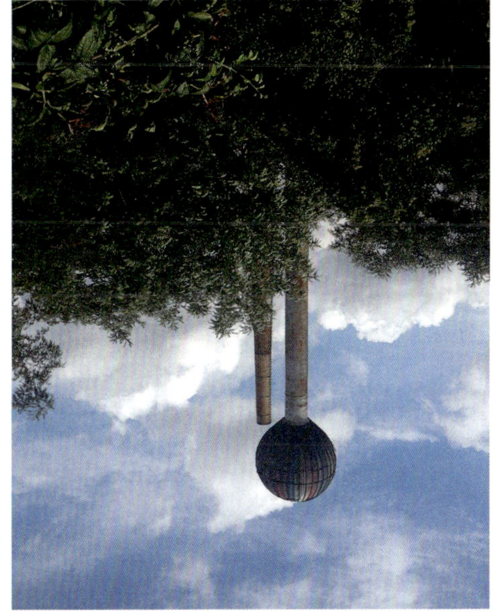

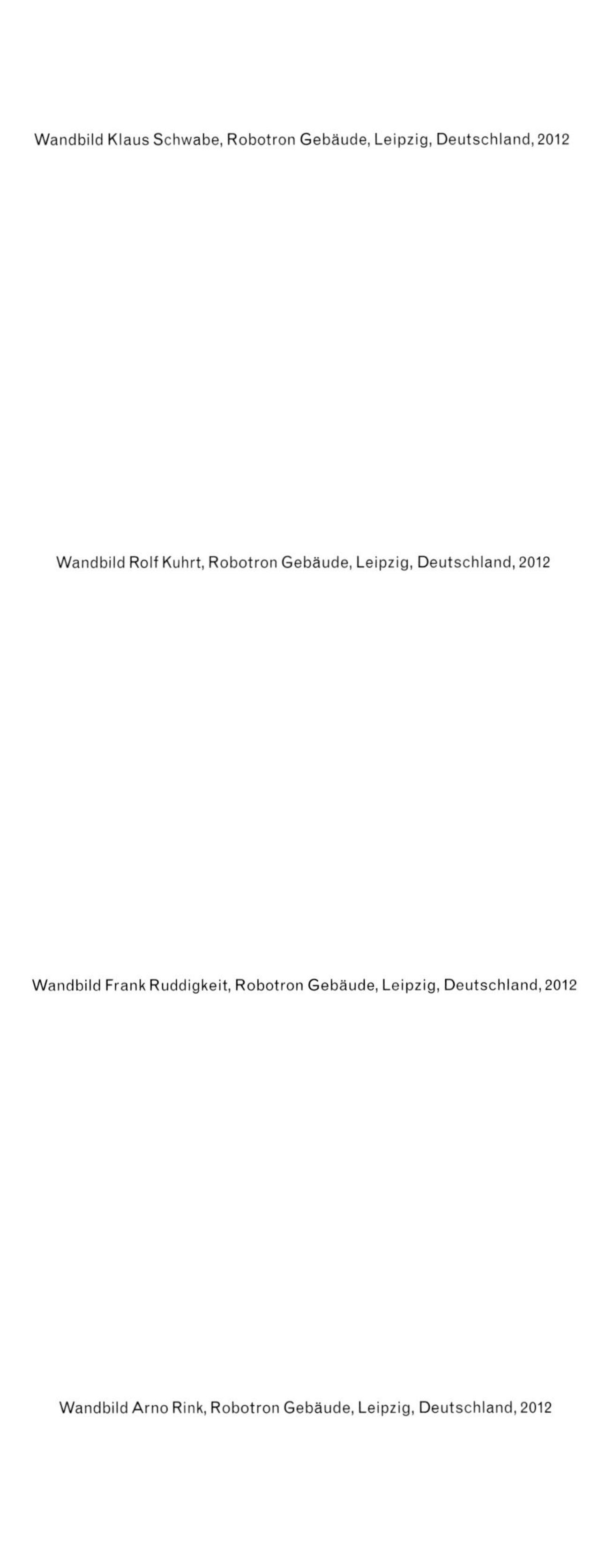

Wandbild Klaus Schwabe, Robotron Gebäude, Leipzig, Deutschland, 2012

Wandbild Rolf Kuhrt, Robotron Gebäude, Leipzig, Deutschland, 2012

Wandbild Frank Ruddigkeit, Robotron Gebäude, Leipzig, Deutschland, 2012

Wandbild Arno Rink, Robotron Gebäude, Leipzig, Deutschland, 2012

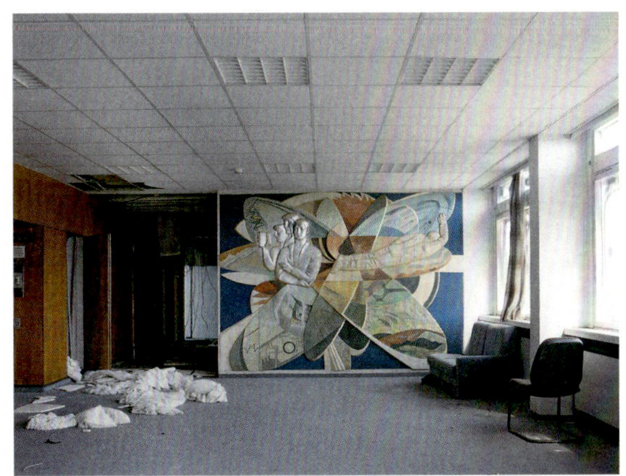

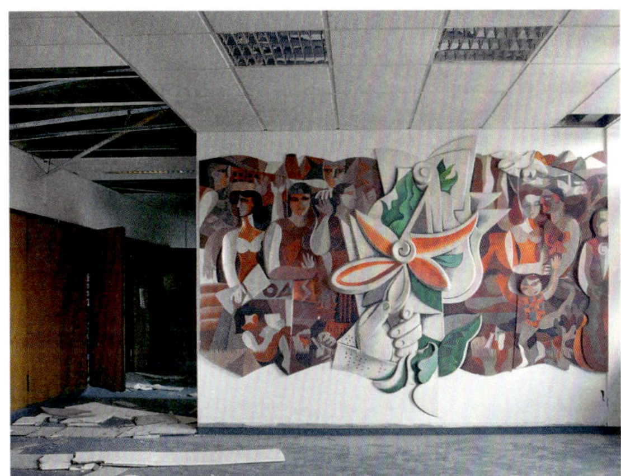

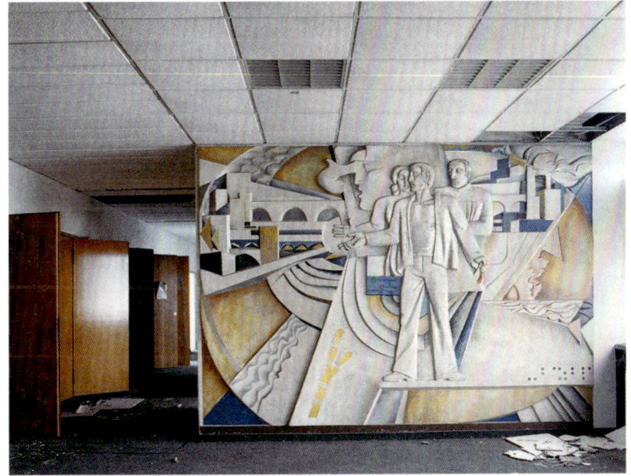

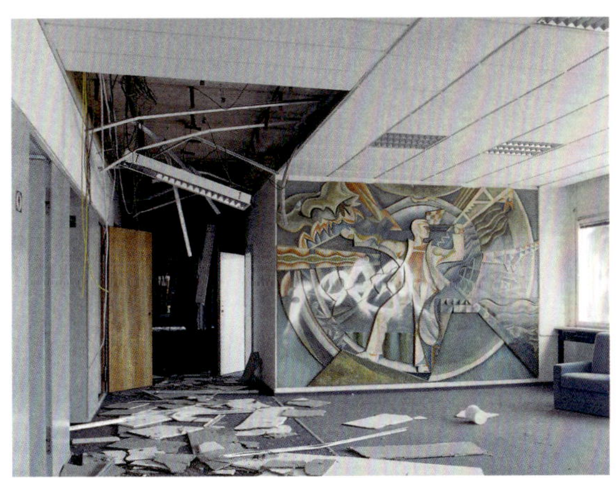

Habitat 67, Montreal, Kanada, 2014

Habitat 67, Montreal, Kanada, 2014

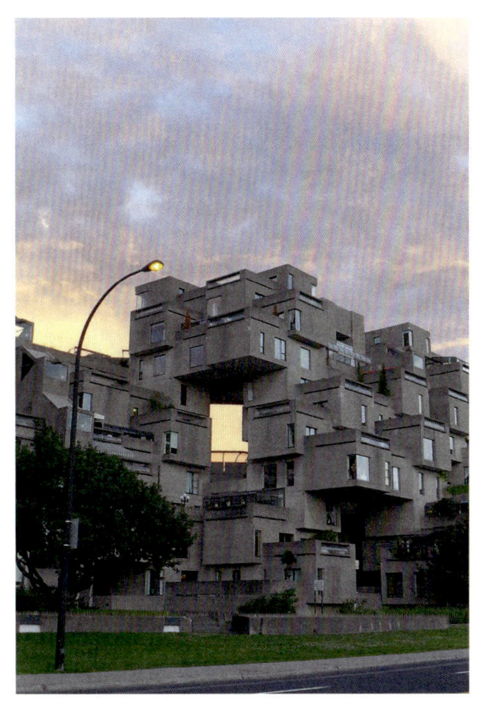

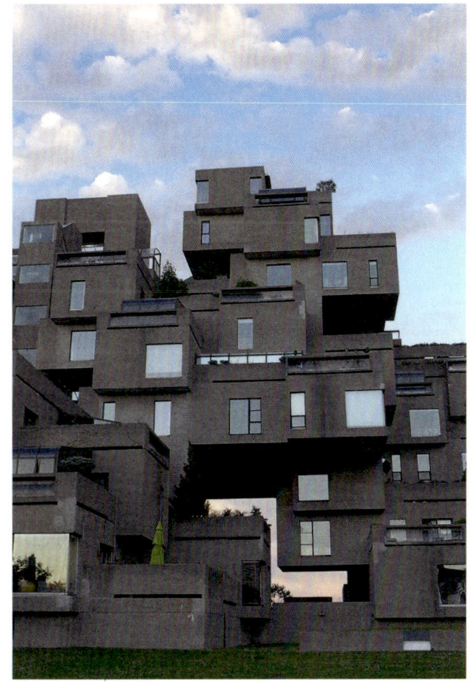

OLIVER FERN
Vorstand der Sachsen Bank
Managing Board of Sachsen Bank

Fotografische Perspektiven, die erinnernd neue Realitäten schaffen

Junge Talente voranzubringen, ihre Innovationskraft zu fördern und ihren Blick zu schärfen sind wesentliche Bausteine für Zukunftsfähigkeit, sei es in der Kunstszene oder im Wirtschaftsleben. Nur so ist Weiterentwicklung dauerhaft möglich. Offenheit und Aufbruchsgeist, gekoppelt an regionale Verbundenheit – der von uns geschaffene Kunstpreis der Sachsen Bank steht für ein Selbstverständnis, das uns auch als Bank auszeichnet. Mit der Auszeichnung bekennen wir uns zu Mitteldeutschland und geben neue Impulse. Entsprechend wendet sich der Preis nicht an bereits etablierte Künstler, sondern ist als Podium für junge Künstlerinnen und Künstler in unserer Region zu verstehen. Gleichzeitig verstehen wir unser kulturelles Engagement auch als Ausdruck eines kontinuierlichen, partnerschaftlichen Miteinanders. Ganz so, wie wir es als Bank mit unseren Kunden pflegen.

Daher freuen wir uns besonders, den Kunstpreis der Sachsen Bank in Kooperation mit dem Museum der bildenden Künste Leipzig mittlerweile schon zum siebten Mal zu vergeben. Die Jury kürte aus 86 Arbeiten die Werke der Leipziger Fotografin Margret Hoppe. Sie studierte an der Hochschule für Grafik und Buchkunst Leipzig in der Fotografieklasse bei Prof. Timm Rautert. Im Anschluss erhielt sie diverse Stipendien, die sie unter anderem nach Bulgarien und an die École Nationale Supérieure des Beaux-Arts in Paris führten. 2009 machte sie ihren Abschluss als Meisterschülerin bei Prof. Christopher Muller. In ihren fotografischen Serien beschäftigt Margret Hoppe sich mit Bauwerken, die ihre ursprüngliche Funktionalität eingebüßt haben. Sie macht das Verschwinden, die Spuren der Veränderung, zum Kristallisationspunkt ihrer Kunst. Gleichzeitig gibt sie den fotografierten historischen Monumenten durch den Bezug auf die Gegenwart neue Bedeutung zurück. Die Perspektive von Margret Hoppes Arbeiten und die Betonung von Material-, Farb- und Formkontrasten weisen eine Ästhetik auf, die neue Geschichten erzählt.

Sich mit Kunst auseinanderzusetzen, lebt davon, offen zu sein für einen anderen Blick. Der Preis versteht sich hierbei als Plattform, er will Öffentlichkeit schaffen und Gespräche ermöglichen. Lassen Sie sich inspirieren von den Bildern, die als fotografische Erinnerungsarbeiten das Jetzt mit dem Vergangenen verbinden und neue Bezüge und Dimensionen schaffen. Wir beglückwünschen Margret Hoppe zum Kunstpreis der Sachsen Bank 2014 und sind gespannt, welche Sichtweisen sie in Zukunft bannen wird.

Documenting the Past, Creating Novelty

Promoting the innovative power of talented young people, helping them to hone their gaze, is crucial for our future, whether in the field of the arts or in the economy. It is the only way to secure durable development. We created the Kunstpreis der Sachsen Bank (Sachsen Bank Art Award) in the spirit of openness, forward momentum and also in the same regional rootedness that marks us as a bank. With the award we profess our loyalty to Middle Germany and provide new impulses. True to this spirit, we are not seeking to distinguish already established artists with the award but rather support young, upcoming artists in our region. Our engagement for the arts is also the expression of a long held partnership, reflecting the same attitude we bring to all our dealings with our customers.

We are particularly honoured to award the Kunstpreis der Sachsen Bank in cooperation with the Museum der bildenden Künste Leipzig (Museum of Fine Arts Leipzig) this year for the seventh time running. The jury chose the Leipzig photographer Margret Hoppe's work from among 86 nominees. Hoppe studied at the Hochschule für Grafik und Buchkunst (Academy of Visual Arts) in Leipzig in Prof. Timm Rautert's class for photography. In the following years she received numerous grants, with which she travelled among others to Bulgaria and the École Nationale Supérieure des Beaux-Arts (National School of Fine Arts) in Paris. In 2009 she completed her Meisterstudium with Prof. Christopher Muller. In her photographic series, she is concerned with works of architecture that have lost their original function. She crystallises processes of disappearance and captures the traces of change, at the same restoring the historical monuments she photographs by endowing them with new meaning in connection to the present. The unique perspective in Margret Hoppe's work, the emphasis on contrasts of material, colour and form, are manifestations of an aesthetic practice capable of generating new narratives.

Appreciating art in a vital way has to do with being open for different ways of seeing. We think of the award as a platform for creating public openness and engendering discussion. Allow yourself to be inspired by these images, photographic labours of recollection, that connect the present to the past and create new relations and new dimensions of reality. We congratulate Margret Hoppe for theKunstpreis der Sachsen Bank 2014 and look forward to see which new perceptions she will bring us in the future.

Margret Hoppe
Ausgezeichnet von der Sachsen Bank
Im Museum der bildenden Künste Leipzig

Als 2012 der Kunstpreis der Sachsen Bank an Franziska Holstein überreicht wurde, konnte man auf zehn Jahre zurückblicken, in denen der Preis im zweijährigen Turnus verliehen wurde: Tilo Baumgärtel (2002), Ricarda Roggan (2004), Julia Schmidt (2006), Henriette Grahnert (2008) und FAMED (2010). Und es galt im Besonderen zu würdigen das Engagement des langjährigen Vorsitzenden des Vorstandes der Sachsen Bank, Prof. Harald R. Pfab, der 2013 in den Ruhestand ging. Und wir sind ihm auch deswegen zu Dank verpflichtet, weil er die Bedeutung des Kunstpreises der Sachsen Bank sowohl im Leipziger Haus wie auch in Stuttgart bei der Landesbank Baden-Württemberg, dem Stammhaus, vermittelt hat. Deshalb sind wir froh, dass sich der neue Vorstandsvorsitzende, Oliver Fern, von Anfang an aufgeschlossen zeigte und mit Elan auch diese Aufgabe in sein Verantwortungsportfolio übernommen hat.

Die Sachsen Bank operiert nicht allein in Sachsen. Sachsen-Anhalt und Thüringen gehören mit in den Geschäftsbereich. So war es konsequent, sich auch in diesen Kunstlandschaften zu orientieren bei der Findung eines neuen Preisträgers. Dies soll eine Jury reflektieren, ohne dass man ihr ein Proporzmodell zu Grunde legt.

In diesem Jahr feiern die beiden Kunstakademien in Dresden und Leipzig ihr 250-jähriges Jubiläum. Dies ist eine historisch respektable Etappe und mehr noch ist es respektabel, dass ein Bundesland wie Sachsen gleich zwei renommierte Kunstakademien aufweist. Prof. Martin Honert vertrat als in Dresden Lehrender somit „Dresden" in der Jury. 2019 wird man weltweit nach Weimar schauen, denn dort jährt sich dann die 100-jährige Gründung des Bauhauses. Prof. Liz Bachhuber von der Bauhaus-Universität in Weimar vertrat eine weitere Stimme in der Jury. Doch uns war auch die Einschätzung aus einem anderen Kontext wichtig, geographisch wie professionell: Prof. Dr. Christiane Lange, Direktorin der Staatsgalerie in Stuttgart, komplettierte neben mir die Jury, die somit im Feld der Kunst über zwei ausführende und zwei vermittelnde Stimmen verfügte.

An dieser Stelle gilt mein Dank den Jury-Teilnehmern, die in einem zweitägigen Entscheidungsgang in bedachter gedanklicher Kontroverse und kommunikativen Abwägungszirkeln zur Entscheidung kamen.

Die Preisträgerin ist Margret Hoppe – und damit möchte man formulieren, dass auch ein wenig das Museum der bildenden Künste ausgezeichnet wird. 2009 zeigte das Museum die Ausstellung „60/40/20. Kunst in Leipzig seit 1949". Hier war Margret Hoppe vertreten mit Werken, die eine Form von „Abwicklung" dokumentieren, denn die als „offiziell" eingeschätzte Kunst verschwand Schritt für Schritt aus den öffentlichen Gebäuden, die gleichsam das System „DDR" repräsentierten. 2010 erwarben wir drei großformatige Fotografien aus dieser Serie. In der Ausstellung „Leipzig Fotografie seit 1839" war Margret Hoppe ebenfalls vertreten mit weiteren Arbeiten aus diesem Werkkomplex. Dezidiert hat sie sich dem panoramaartigen Bild von Werner Tübke „Arbeiterklasse und Intelligenz" in der Leipziger Universität gewidmet, das nach seiner Demontage 2006 im Museum der bildenden Künste

HANS-WERNER SCHMIDT
Direktor Museum der bildenden Künste Leipzig
Director Museum of Fine Arts Leipzig

Margret Hoppe
Awarded by the Sachsen Bank
In the Museum of Fine Arts Leipzig

As the Kunstpreis der Sachsen Bank (Sachsen Bank Art Award) was awarded to Franziska Holstein in 2012, we looked back on 10 years in which the award has been granted biannually. Tilo Baumgärtel (2002), Ricarda Roggan (2004), Julia Schmidt (2006), Henriette Grahnert (2008) and FAMED (2010) were the laureates. It was especially an occasion to acknowledge the engagement of the long serving chairman of the board at the Sachsen Bank, Professor Harald R. Pfab, who retired in 2013. We are indebted to him for communicating the importance of the Kunstpreis der Sachsen Bank both in the Leipzig branch and in the Stuttgart headquarters at the Landesbank Baden-Württemberg. We are happy to see the tradition continued by Oliver Fern, who showed himself open from the start, including the award in his agenda with enthusiasm.

The Sachsen Bank operates not only in Saxony. Its operations extend to Saxony-Anhalt and Thuringia. It was therefore consistent to include the art from these regions in the search for a new laureate. The jury should take account of this, without of course adopting a model of proportionate distribution.

This year the art academies in Dresden and in Leipzig are celebrating their 250th anniversary. This is a substantial historical mark and it is all the more admirable that a state like Saxony can claim two noted art academies. Professor Martin Honert, a teacher at the Academy in Dresden, "represented" that city in the jury. In 2019 the world will turn its eyes to Weimar, which will be celebrating the centennial anniversary of the Bauhaus. Professor Liz Bachhuber from the Bauhaus-Universität Weimar was a further member of the jury. We were also fortunate enough to acquire expertise from a different context, different both in terms of geography and profession. This was Professor Dr. Christiane Lange, the director of the Staatsgalerie in Stuttgart. She and I completed the jury, which was thus comprised of two producers and two mediators of art.

My thanks go to the jury members, who spent two days in meditation, controversial discussion and spiralling collective deliberation to arrive at a final decision.

This year's laureate is Margret Hoppe. This choice also conceals a vicarious little distinction for the museum. In 2009, the museum presented the exhibition *60/40/20. Kunst in Leipzig seit 1949*, which included works by Margret Hoppe. These works documented a peculiar kind of closure.

ausgestellt war und nun im dortigen Gemäldedepot auf seine Rückkehr an den angestammten Platz wartet.

2014 zeigte das Museum Folkwang in Essen die Ausstellung „Was war und was ist. Dokumentarfotografie Förderpreis der Wüstenrot Stiftung. Neue Arbeiten der Preisträger“. Margret Hoppe zeigte hier Aufnahmen, die Le Corbusiers Architektur reflektieren. Dokumentarfotografie bekennt sich auch zur Autorenschaft, ist nicht frei vom subjektiven Faktor, wie die subjektive Fotografie eine dokumentarische Ebene mittransportiert. Fotografien von Fachwerkhäusern aus dem Siegerland wie auch Hochöfen zwischen Ruhr und Rhein, gesehen durch die Kamera von Bernd und Hilla Becher, werden nicht delegiert an die zuständigen Katasterämter und die Bildarchive der Industriearchäologie. Die Ortsbeschreibung, der Titel tritt immer zurück hinter die Signatur des Blickes, welcher sich ausweist als jener der Bechers.

Margret Hoppe sichert Spuren, dokumentiert Zustände und zeigt Orte, an denen das Vergessen Regie führt. Margret Hoppe ist dabei keine klassische Dokumentaristin im Sinne des Inventarisierens. Der Ort wird unter ihrem Fokus als architektonisches Gefüge gesehen, wird zum Schauplatz. Den entfernten Bildern werden Rollen zugewiesen, sie erscheinen wie „in Haft genommen“ oder „erlegt“. Setzungen der architektonischen Moderne, unter dem Gesichtspunkt ästhetischer Hygiene konzipiert, werden überlagert von den Spuren des Gebrauchs. Funktionalität als architektonisches Credo wird gebrochen durch die Funktionalitäten des Alltags, der gleich Ablagerungen in Zeitschichten die dreidimensional gewordene Reißbrettform überformt.

Ich danke Margret Hoppe für die nun schon mehrere Jahre währende vertrauensvolle Zusammenarbeit mit dem Museum der bildenden Künste Leipzig.

Ich danke im Museum der bildenden Künste Kristin Bartels für die Betreuung des Ausstellungsprojektes, bei dem sie kompetente Gesprächspartnerin der Künstlerin war und es dabei verstanden hat, deren Ideen bei der Gestaltung der Ausstellung und des Kataloges pragmatisch zu akzentuieren. Ich danke ebenso Petra Lindner, die von Anfang an unsere feste Partnerin bei der Sachsen Bank ist und die mit für den Erfolg des Kunstpreises der Sachsen Bank steht. Ich danke den Katalogautoren und den Gestaltern, die Margret Hoppes künstlerischen Arbeiten in die Buchform transformiert haben. Im Museum der bildenden Künste danke ich Barbara Krause für die administrative Umsetzung, Claudia Klugmann für die Logistik der Transportbewegungen, Torsten Cech und seinem Team für die Errichtung der Ausstellung, Jörg Dittmer und der Abteilung Öffentlichkeitsarbeit wie auch Gabriele Pätow, die mir dabei hilft, alle Arbeitsschritte zu koordinieren.

Margret Hoppe nennt ihre Ausstellung „Das Versprechen der Moderne“. Und dieser Titel bereitet jenen Freude, denen die deutsche Sprache ein Terrain ist, das nicht über eindeutige Ausschilderungen verfügt und die in der Mehrdeutigkeit eines Wortes den gedanklichen Horizont geweitet sehen. Das Versprechen ist eine Ansage, eine Projektion, die mit der Verpflichtung einhergeht. Ein Versprechen ist im Koordinatensystem der Moral verortet. Und dann gibt es das Versprechen im Freudschen Sinn, wenn strategische Kommunikation konterkariert wird durch einen unterbewussten Subtext, der nicht zur Artikulation freigegeben ist, sich dennoch Bahn bricht und dabei mehr dem Subjekt in seinem Erlebten als in seinem Erlernten entspricht.

The art formerly treated as official was disappearing bit by bit from public buildings regarded as representative of the GDR. In 2010 we purchased three large-format photographs from this series. Margret Hoppe was also included in the exhibition *Leipzig Fotografie seit 1839* with further works from the same series, in which she dealt with Werner Tübke's panoramic *Arbeiterklasse und Intelligenz* (Working Class and Intelligentsia) in the Leipzig University. The painting was exhibited in the Museum der bildenden Künste Leipzig after its removal in 2006 where it is now in storage awaiting return to its original place.

In 2014, the Museum Folkwang in Essen staged the exhibition *Was war und was ist. Dokumentarfotografie Förderpreis der Wüstenrot Stiftung. Neue Arbeiten der Preisträger*. Margret Hoppe was represented with photographs dealing with Le Corbusier's architecture. Documentary photography does not deny the presence of the author. It is not devoid of subjectivity. So too, conversely, subjective photography contains within it a documentary level. Photographs of latticed houses from the Siegerland region and factory chimneys from between the Ruhr and the Rhine seen through the camera of Bernd and Hilla Becher are not relegated to the land registry office and the image archive of an industrial archaeology. The description of the location and the title always pass into the background behind the signature of the Bechers' gaze.

Margret Hoppe collects traces, documents states of affairs and shows places fabricated by forgetting. She is a classical documenter in that she compiles inventories. Under her gaze the places become architectonic assemblies, scenes of an event. The removed images are assigned roles; they have been arrested. Products of modernist architecture issuing from an aesthetic of purism are covered over with the traces of use. Functionality as an architectonic credo is ruptured by the functionality of the everyday, resulting in something resembling periodic sediments, overlaying the two-dimensional blueprints that have become three-dimensional space.

My thanks go to Margret Hoppe for the successful collaboration with the Museum der bildenden Künste Leipzig over the past years.

I thank the museum's own Kristin Bartels for overseeing the exhibition and providing the artist with a competent dialogue partner capable of effectively accentuating the latter's ideas for the design of both the exhibition and catalogue. I thank Petra Lindner, who has been our solid partner at the Sachsen Bank from the start and who is the very personification of the success of the award. I thank the catalogue authors and designers who have managed to present Hoppe's art in book form. I thank the museum's Barbara Krause for the organisational realisation, Claudia Klugmann for the transport logistics, Torsten Cech and his team for setting up the exhibition, Jörg Dittmer and the public relations department, Gabriele Pätow, who helped me to co-ordinate the project as a whole.

Hoppe gave her exhibition the title *Das Versprechen der Moderne*, the promise of modernism. This title provides pleasure for all those for whom the German language is a terrain without signposts, where the polyvalence of words broadens the horizon. Versprechen, as promise, is a pronouncement, a projection into the future attached to a duty of fulfilment. A promise is located within the coordinates of morals. Then there is the Versprechen in the sense of the Freudian slip, when the intention of communication is countered by the eruption of an unconscious subtext

Das utopische Denken seit Thomas Morus antizipiert die Moderne, erfährt im 19. Jahrhundert eine Dynamik, die in Gesellschaftsmodellen und ästhetischen Entwürfen ein Heilsversprechen formuliert, das den Glaubensgemeinschaften Konkurrenz macht. Architektur wird im 20. Jahrhundert zu einem Praxisfeld der Moderne, einem Handlungsort von Individuum und Gesellschaft zwischen Frankfurter Küche und Wohnmaschine und über allem thront die Kathedrale des Bauhauses. Die Utopie der Moderne ist ein Versprechen, das in der Habermasschen Diktion die kommunikative Vernunft als Leitbild fokussiert. Subjekte sind gesellschaftlich und die Gesellschaft ist eine Versammlung von Subjekten. Deren Autonomie und deren Gesellschaftlichkeit sind kein sich ausschließenden Bezugsgrößen. Doch der dabei allmählich federführende Part des technokratischen Bewusstseins entspricht dem Freudschen Versprechen, dass die Moderne einer neuen Gestalt von Ideologie überführt und letztlich deren Scheitern auf Raten dokumentiert, denn Technokratie und Administration sind nicht sinnstiftend.

Margret Hoppe zeigt, dass betongewordene Utopien der Moderne auch ein Verfallsdatum haben und wir ihnen heute begegnen – sagen wir es einmal so – wie der Ruinenromantik eines Giovanni Paolo Panini. Doch die Arbeit am Projekt der Moderne bleibt alternativlos. Die gegenwärtige politische Realität macht dies mehr als deutlich.

the subject has not wanted expressed but which gives expression to the subject's experience rather than his conditioning.

Utopian thought since Thomas More anticipates modernity, acquiring in the 19th century the energy to formulate social and aesthetic models with a promise of salvation attached, destined to make it a competitor to religious faith. In the 20th century, architecture becomes a playing field of modernity for individuals and society between the Frankfurt kitchen and the Unité d'Habitation and towering over the lot the cathedral of the Bauhaus. The modernist utopia is a promise modelled on what Habermas calls communicative reason. Subjects are social and society is a collection of subjects. Individual autonomy and sociality are not mutually exclusive. But the increasing rule of technocratic consciousness corresponds to the Freudian slip, betraying modernity as a new version of ideology, a document of the phases of a failure rooted in the fact that technocracy and bureaucracy cannot provide direction and meaning.

Hoppe shows that modernist utopias poured in concrete have a use-by date. We encounter these utopias now, let's admit it, with something akin to Giovanni Paolo Panini's ruin romantics. Nevertheless, there is no alternative to working on the modernist project. The current state of politics makes this abundantly clear.

Zum Fotografieren gebaut
Sarah Alberti im Gespräch mit Margret Hoppe

SARAH ALBERTI

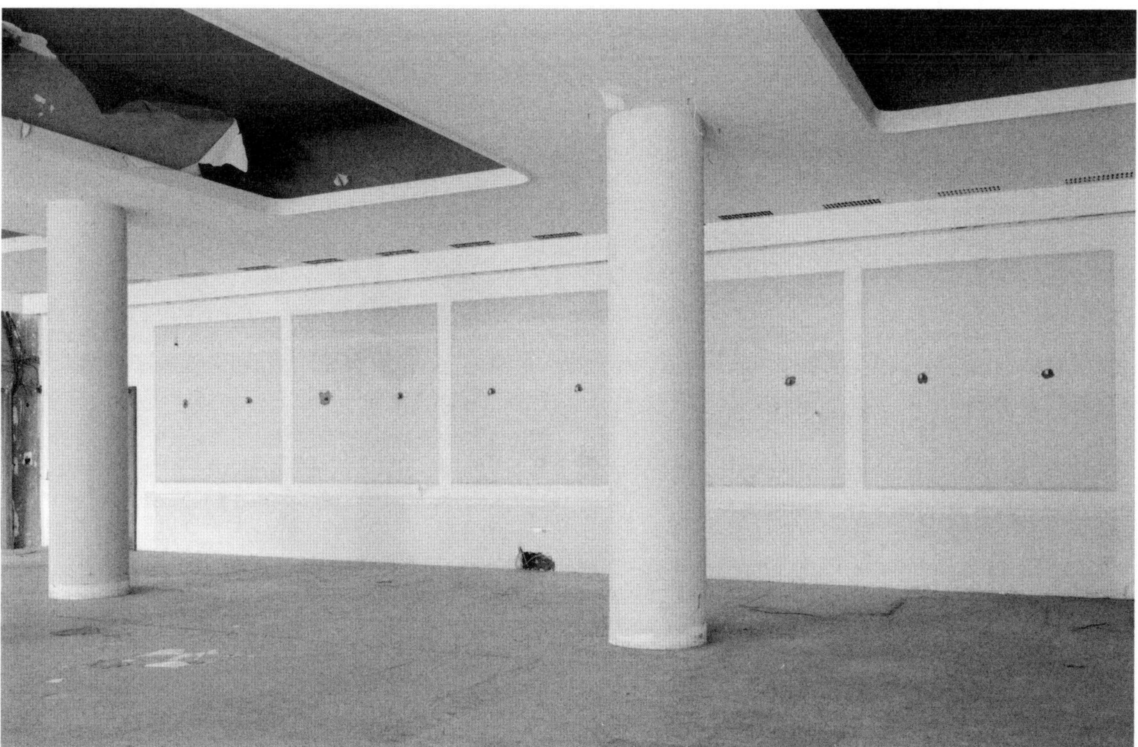

Margret Hoppe, Werner Tübke, Fünf Kontinente, 1959, Öl auf Holz, 5 Diptycha, jeweils 245 × 245 cm, Interhotel Astoria, Leipzig

Für deine Serie *Après une Architecture* hast du von 2011 bis 2013 Gebäude von Le Corbusier in Frankreich und Berlin fotografiert. Wie kamst du dazu?

Viele meiner Arbeiten haben mit den Orten zu tun, an denen ich mich aufhalte. Ich habe mich in den vergangenen Jahren intensiv mit der Architektur in Ostdeutschland und Osteuropa beschäftigt. Der Sozialistische Realismus war wie die Moderne eine Art Weltsprache, die viele Länder zeitgleich geprägt hat, bis die Postmoderne alles durcheinanderwirbelte. Le Corbusier hat wiederum die DDR-Moderne beeinflusst. 2010 war ich mit dem *Sächsischen Landesstipendium* an der *Cité des Arts* in Paris und inmitten der Architektur des 19. Jahrhunderts fielen mir Le Corbusiers Bauten besonders auf.

In deinen Bildern fungieren Sichtbeton, geometrische Formen, farbige Flächen oder auch der Modulor, die Figur seines Proportionssystems, als klare Verweise zu Le Corbusier. Der Titel der Serie referiert zudem auf die 1923 erschienene Publikation *Vers une Architecture*[1], in der er seine Architekturvision formuliert hat. Inwieweit verstehst du deine Serie als Illustration seiner zentralen Gedanken?

Mir ging es nicht um eine Illustration, sondern eher um ein Zurückrufen dieser Schrift, die in den zwanziger Jahren so wichtig war. Deswegen auch *Après une Architecture*, im Sinne des Nachhalls. Oder auch als Fragezeichen: Was bleibt von diesen Ideen? Heute wird Le Corbusier zumeist als Utopie abgehakt, weil seine Bauweise, die auch mit einem sozialen Gedanken verknüpft war, keine große Rolle mehr spielt.

Le Corbusier gilt als einer der bedeutendsten und einflussreichsten Architekten des 20. Jahrhunderts. Heute sind seine Gebäude ihrer ursprünglichen Funktion zumeist enthoben und die *Fondation Le Corbusier* bietet Führungen durch viele Gebäude an. Du zeigst sie menschenleer,

Built to be Photographed
Margret Hoppe interviewed by Sarah Alberti

For your series *Après une Architecture*, you photographed buildings by Le Corbusier in France and Berlin from 2011 to 2013. How did the series come about?

Much of my work is about the places I stay in. I have spent the past years studying East German and East European architecture. Socialist realism was, like modernism, a kind of world language, over a period of time leaving its mark on places all over the world, until postmodernism threw everything into confusion. Le Corbusier's work went on to influence GDR modernism. In 2010, I was at the *Cité des Arts* in Paris with a stipend from the state of Saxony and was struck by Le Corbusier's buildings in the middle of all the 19th century architecture.

In your pictures Le Corbusier is referenced directly by exposed concrete, geometric forms, coloured surfaces and the figure from the modulor, his scale of proportions. The title of the series cites his 1923 publication, *Vers une Architecture*[1], in which he articulated his vision for a future architecture. To what extent do you think your series can be read as illustrating his main ideas?

I was not interested in illustration but in recalling his writing, which had been so important in the twenties. Hence the title *Après une Architecture*, an echo. Or I wanted to pose a question: What is left of these ideas? Today Le Corbusier is mostly ticked off the list as utopian and dismissed. His way of working, bound up as it was with a social vision, no longer plays a big role.

Le Corbusier is seen as one of the most important and influential architects of the 20th century. Today, his buildings have mostly been relieved of their original function.

nur kleine Spuren, wie Plakat-Klebereste oder Überwachungskameras, zeugen von ihrer Nutzung. Was willst du zeigen?

Im Vordergrund stand die Frage, wie man diese Gebäude, die schon so oft fotografiert wurden, heute noch neu fotografieren kann. Ich stand vor der Herausforderung, eine eigene Bildsprache für Le Corbusier zu finden. So gibt es einerseits eine formale Annäherung über die eher abstrakten Bilder, die die Architektur ausschnitthaft zeigen und vor allem auf die Flächen und geometrischen Kompositionen eingehen. Und es gibt, wie du sagst, kleine Störelemente, wie die Überwachungskameras, eine Zimmerpalme oder unter den Gebäuden geparkte Autos. Beides spiegelt für mich die Architektur Le Corbusiers wider: Neben der Idee des Sozialen Wohnungsbaus und der Funktionalität steht eine starke Formensprache, die nicht funktional und dennoch wichtiger Bestandteil der Architektur ist.

Im Rahmen deiner Promotion untersuchst du anhand der Freundschaft von Le Corbusier und seinem langjährigen Fotografen Lucien Hervé[2] die Wechselbeziehung von Architektur und Fotografie. Wie bist du auf das besondere Arbeitsverhältnis der beiden gestoßen?

Tatsächlich erst über meine Beschäftigung mit Le Corbusier. Er und Hervé, beide Atheisten, fanden über einen Pater zueinander, der auch mit Henri Matisse und vielen anderen Künstlern dieser Zeit befreundet war. Erst als ich Hervés Bilder bewusst wahrnahm, ist mir aufgefallen, dass wir Le Corbusiers Gebäude vor allem durch seine Fotografien kennen. Hervé hat sie über zwanzig Jahre fotografiert und stand dabei stets im Schatten des Architekten.

War das auch im Interesse von Le Corbusier?

Ja. Er hat zwar darin vertraut, dass Hervé die richtige Bildsprache für seine Architektur findet, aber in den ersten Jahren ihrer Zusammenarbeit trotzdem darüber entschieden, welche Bilder veröffentlicht werden dürfen. Dabei wurde Hervé gar nicht von ihm bezahlt, sondern arbeitete im Auftrag von Magazinen. Das führte auch zu Streit und Missverständnissen.

Ist deine Serie auch als Hommage an diese spezielle Arbeitsbeziehung der beiden zu verstehen?

Vielleicht eher als Hommage an die Beziehung von Architektur und Fotografie. Das zweidimensionale Bild ist immer auch eine Quelle für das Entwerfen von Architektur und diese entsteht als Entwurf zunächst auf Papier. Wenn ich durch die Gebäude von Le Corbusier ging, hatte ich oft das Gefühl, dass er sie zum Fotografieren baute. Und die Kamera nimmt Räume wiederum anders wahr als das Auge.

Welchen Stellenwert hat die wissenschaftliche Auseinandersetzung für deinen künstlerischen Arbeitsprozess?

Die ist nur förderlich, weil die Theorie ein unterbewusstes Bild für die Praxis ist. Und die Bilder, die ich selbst mache, sind wiederum für die Theorie wichtig, weil ich mich in gewissem Sinne in Hervé hineinversetzt habe.

Inwieweit hast du dich an Hervé orientiert?

Ich habe nicht bewusst bestimmte Bilder von ihm nachfotografiert. Aber sie waren mir natürlich präsent. Hervé arbeitete mit extremen Perspektiven, mit Aufsicht und starken Schwarz-Weiß- bzw. Schatten-Kontrasten. Seine Bilder sind streng konstruiert und auch ich baue die Architektur im Bild nach.

Du fotografierst bewusst in Farbe und nicht wie Hervé in schwarz-weiß. Le Corbusier misstraute Farbfotos, er meinte, sie würden verschönern und seien nicht wirklich dazu geeignet, das Material zum Ausdruck zu bringen.[3]

The *Fondation Le Corbusier* offers tours of most of his buildings. You show them deserted. Only a few traces, scraps of posters and surveillance cameras, testify to their use. What do you want to show?

The main question was how to take these buildings, which have been photographed so often, and photograph them in a new way. The challenge was to find a pictorial language specifically for Le Corbusier. So on the one hand there is an attempt to get at the form by means of fairly abstract images showing excerpts of the buildings and concentrated chiefly on surfaces and geometrical compositions. And, as you say, there are little disturbances, like the surveillance cameras, an indoor palm or cars parked under the buildings. In addition to the idea of social apartment blocks and functionality there is a strong formal syntax that is ulterior to function and yet an important part of the architecture.

You are currently writing a doctoral thesis that uses the friendship between Le Corbusier and his long-serving photographer Lucien Hervé[2] as an occasion to study the interplay between architecture and photography. How did you get interested in the rather special working relation between the two?

Through my study of Le Corbusier. Hervé and Le Corbusier, both atheists, met through a priest who was friends with Matisse and many other artists of the period. As I began to look properly at Hervé's photos I realised that we mostly know Le Corbusier's buildings through them. Hervé photographed them over twenty years and always stood in the shadow of the architect.

Was that Le Corbusier's wish?

Yes. He trusted Hervé to find the right pictorial language for his architecture but in the first years of their collaboration it was he who decided which images could be published. This was despite the fact that he wasn't paying Hervé, who was working in commission for magazines. The result was strife and miscommunication.

Is your series also to be taken up as a homage to their collaboration?

Perhaps rather as a homage to the relation between architecture and photography. The two-dimensional image has always been a source for architectural design and this design is made on paper. When I would walk through Le Corbusier's buildings I often had the feeling that they were built to be photographed. And the camera perceives spaces differently than the eye does.

What does your theoretical work mean for your artistic work?

Theory is only helpful as far as it is an unconscious influence on practice. And the images I make are in turn relevant to the theoretical work because I have in a certain sense placed myself inside Hervé.

To what extent did you orient yourself on him?

I did not consciously imitate individual pictures. Though I was naturally thinking of them. Hervé worked with extreme angles, photographing from above and using stark black and white or light and shadow contrasts. His images are rigorous in construction and I too am rebuilding the architecture within the photo.

You make a point of photographing in colour and not in black and white as Hervé did. Le Corbusier mistrusted colour photos. He viewed them as artificially beautifying and inappropriate for expressing the material.[3]

I have always photographed in colour. Moreover, colour plays an important part in Le Corbusier's architecture.

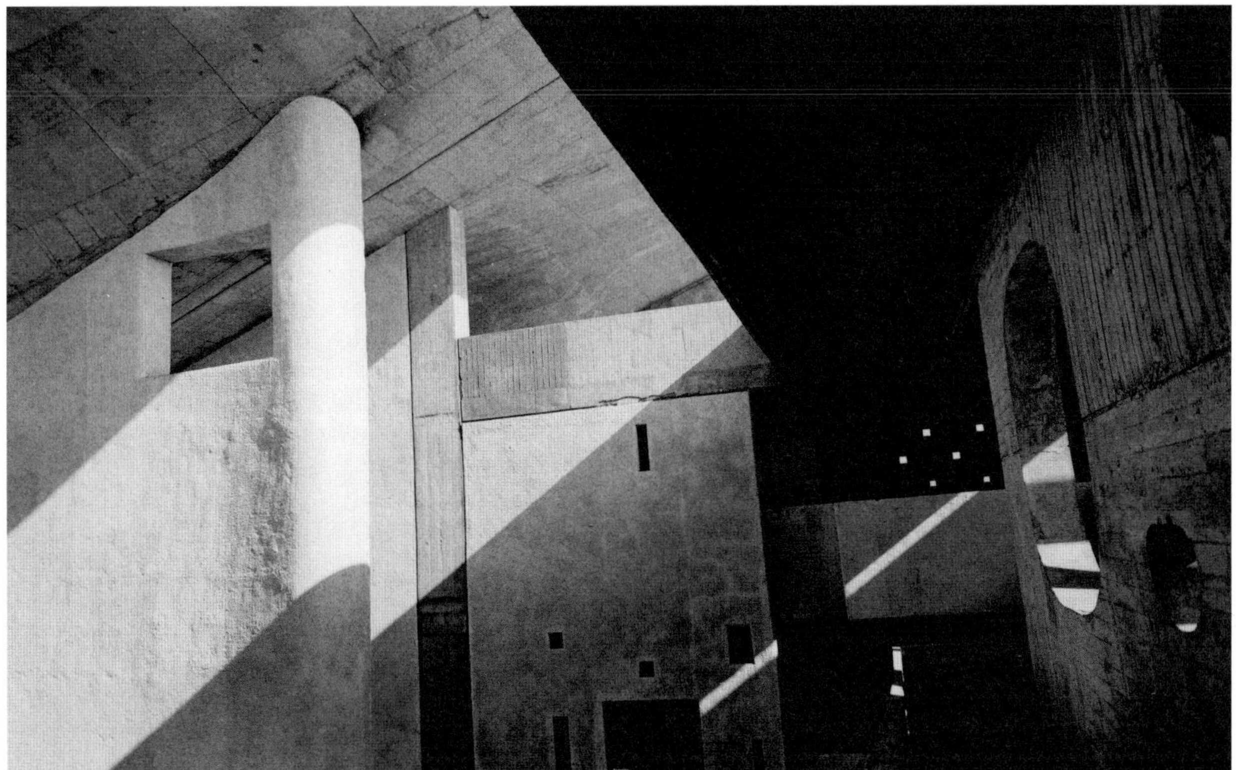

Lucien Hervé, Chandigarh: Le Palace de Justice, 1952–1956
Lucien Hervé photographs of architecture and artworks by Le Corbusier. Photograph by Lucien Hervé.
The Getty Research Institute, Los Angeles © J. Paul Getty Trust

Ich habe schon immer in Farbe fotografiert und Farbe spielt wiederum bei Le Corbusiers Architektur eine wichtige Rolle. Hervé hat die Farbe durch Licht und Schatten ersetzt. Der Schatten wiederum wurde durch die Darstellung als schwarze Fläche auf der Fotografie zum Beton, hat teilweise die ganze Bildfläche vereinnahmt und somit Teile der Architektur verdeckt. Mir ist wichtig, dass der Beton und die Strukturen in den Farben sichtbar sind. Deswegen fotografiere ich meistens bei weichem oder indirektem Licht und vermeide direkte Sonneneinstrahlung.

Für Le Corbusier war das Licht die Grundlage der Architektur, er formulierte: „Ich komponiere mit Licht."[4] Auch du setzt Licht und Schatten bewusst ein.

Natürlich beobachte ich, wie das Licht auf die Gebäude fällt. Das ließ sich gar nicht vermeiden, weil diese Bauten dadurch geformt sind. Es gibt von Hervé ein Foto aus dem Kloster *Sainte-Marie de La Tourette*, wo die Oberlichter, die ich farbig zeige, schwarz-weiß sind. Allein weil das Licht bei ihm in Grauwerte verwandelt wurde, ist Hervés Fotografie ein ganz anderes Bild.

In den letzten Jahren hast du ein ganzes *Archiv verlassener Bauten* über die baulichen Hinterlassenschaften der DDR angelegt. Bei *Après une Architecture* sind zum Teil nur zwei Fotografien von einem Gebäude in die Serie eingeflossen.

Es gibt natürlich noch mehr Bilder, als ich hier zeige. Ich verstehe mein Werk als wachsendes Archiv, wo sich immer wieder neue Konstellationen von Bildern finden, die vielleicht früher schon einmal aufgetaucht sind. Ein Teil davon ist in der Ausstellung zu sehen. Zwischen diesen Fotografien gibt es eine gemeinsame Sprache, allein durch gewisse formale Ähnlichkeiten.

Für dein Diplom *Die verschwundenen Bilder* im Jahr 2007 hast du Leerstellen an Wänden fotografiert, an denen in der DDR Kunstwerke hingen. Dabei spielten die Bildtitel

Hervé replaced the colour with light and shadow. Shadow becomes like its own kind of concrete in his photos, it permeates large areas of the image, partly covering over the architecture. I want the concrete and the textures of the coloured segments to be visible. I therefore usually photograph with diffuse or indirect light and avoid direct sunlight.

For Le Corbusier light was the basis of architecture. He said, "I compose with light."[4] You also work consciously with light and shadow.

Of course I observed how the light falls on the buildings. This was unavoidable because the buildings themselves, as he says, are shaped by light. There is a photo by Hervé of the monastery *Sainte-Marie de La Tourette* where the skylights, which I show in colour, are black and white. In Hervé's photographs the light is translated into shades of grey resulting in an entirely different type of image.

In recent years you have been compiling an *Archive of Abandoned Buildings* comprising old GDR architecture. In *Après une Architecture* there are sometimes only two photos from a particular building.

What I show in the series is a selection. I understand my work as a growing archive from which I assemble new constellations, occasionally using images that I have already shown. Part of the archive is shown in the exhibition. The photos share a common language, in part due to their formal similarity.

For your graduate work *Die verschwundenen Bilder* (*Vanished Images*) from 2007 you photographed empty spaces on walls where GDR artworks had once hung. The titles of the photographs were important because they told us what was no longer there. The current situation is similar. The titles state the location, which is otherwise not always evident for the observer.

eine wichtige Rolle, denn sie informierten über das, was nicht mehr zu sehen war. Nun verhält es sich ähnlich: Die Titel informieren über den Ursprungsort der Fotografie, der für den Betrachter nicht immer erkennbar ist.

Genau. Ich könnte diese Titel auch weglassen und die Bilder nur durchnummerieren, aber ich nenne den Ort, weil mir dieser dokumentarische Aspekt wichtig ist.

Ist die Serie *Après une Architecture* dennoch weniger dokumentarisch als *Die verschwundenen Bilder*?

Das ist schwer zu sagen. Die Bilder der Serie *Après une Architecture* haben eine andere Formensprache und sind abstrakter. Aber sie sind dennoch Dokument.

2007 hast du in einem Interview[5] formuliert, dass du als Fotografin dem zweidimensionalen Bild mehr verhaftet bist, als Architektur oder Plastik. Nun zeigst du deine Fotografien zum Teil nicht mehr an der Wand, sondern im Raum – woher rührt dieser Wunsch nach einer Erweiterung ins Dreidimensionale?

Der geht tatsächlich einher mit meinem Interesse für die zweidimensionale Darstellung von Räumen im Bild. Fotografien begegnen ihrem Betrachter zumeist an der Wand. Durch die Präsentation am Boden ermögliche ich automatisch eine andere Perspektive auf das Bild. So wie ich die Räume von Le Corbusier durchschritten habe, durchschreiten die Besucher den Ausstellungsraum.

Deine bisherigen Arbeiten thematisieren Prozesse des Verschwindens, der Entfunktionalisierung und Veränderung von Architektur durch Zeit. In Paris hast du unter anderem bei Christian Boltanski studiert, der sich Fragen der Erinnerung und der eigenen Position zur bzw. in der Geschichte widmet. Inwieweit hat Boltanski deine künstlerische Haltung beeinflusst?

Ich habe ihn während meiner Zeit in Paris wöchentlich gesehen und er war auf jeden Fall prägend für mich. Er fotografiert ja nicht, sondern arbeitet mit gefundenem Material. Mich fasziniert dabei seine im gewissen Sinne minimalistische Arbeitsweise: Eine einfache Idee eröffnet bei ihm einen ganzen Kosmos, denn die Themen Erinnerung und Spurensuche und die Frage, wie man Geschichte greifbar machen kann, spielen in jeder seiner Arbeiten eine Rolle.

Florian Ebner und Thibaut de Ruyter[6] kamen in ihren Texten über dich zu dem Schluss, dass du gewissermaßen eine Archäologin der Gegenwart bist, die das Verschwinden der uns umgebenden Welt dokumentiert – passt dieses Bild für dich in Hinblick auf *Après une Architecture*?

Ich finde es bis heute spannend, Sachen auszugraben, die im Verborgenen liegen. Das „Finden" von vergessenen Orten oder von unbearbeiteten Themen ist Teil meiner Arbeit. Und da ich früher tatsächlich einmal den Wunsch hatte, Archäologin zu werden, ist dieses Bild ganz treffend.

Das Gespräch wurde am 3. August 2014 in Leipzig geführt.

Exactly, I could leave out the titles and just number the images consecutively. Naming the location fulfils a documentary function that is important to the work.

Is *Après une Architecture* nevertheless less a type of documentary than *Die verschwundenen Bilder*?

Hard to say. The images in *Après une Architecture* have a different visual syntax and are more abstract. But they are still documentary.

In 2007 you said in an interview[5] that as a photographer you are more bound to the two-dimensional image than to architecture or sculpture. Now you have started placing the photographs elsewhere in the room than just on the walls. What made you want to add a further dimension?

It has to do with my interest in the two-dimensional representation of spaces. We are used to looking at photographs on walls. By presenting the photos on the floor I am opening a new perspective. The visitors walk through the exhibition space much as I walked through Le Corbusier's spaces.

Your previous work has treated processes of vanishing, the loss of function and alteration of architecture over time. In Paris you studied, among others, with Christian Boltanski, who is concerned with questions of memory and his own place in and stance towards history. How much did Boltanski influence your approach?

In Paris I saw him once a week and it definitely influenced me. He doesn't take photographs. He works with found materials. What fascinates me is his minimalist way of working. A simple idea opens up a whole cosmos. Memory and trace seeking, as well as the problem of how to make history tangible, play into all of his work.

Florian Ebner and Thibaut de Ruyter[5] both came to the conclusion that your work is basically an archaeology of the present, documenting the disappearance of the world around us. Would you say this applies to *Après une Architecture*?

I am still excited by digging things up that are hidden. "Discovering" forgotten places and neglected themes is part of my work. Since I used to want to be an archaeologist the simile is fitting.

The interview took place August 3, 2014 in Leipzig.

1 Vgl. Le Corbusier, *Kommende Baukunst*, übersetzt und herausgegeben von Hans Hildebrandt, Stuttgart u.a.: Deutsche Verlagsanstalt 1926.
2 Vgl. Olivier Beer, *Lucien Hervé*, Ostfildern-Ruit: Hatje Cantz 2002.
3 Vgl. ebd., S. 27.
4 Vgl. José Baltanàs, *Le Corbusier. Promenades*, München: Deutsche Verlagsanstalt 2005, S. 139, Fußnote 9, dort: *Le Corbusier: Feststellungen zu Architektur und Städtebau* (1929), zit. nach der Ausgabe in der Reihe Bauweltfundamente, Plan des modernen Hauses, Kapitel IV Komposition, Frankfurt a. Main: Ullstein Verlag 1964, S. 127.
5 Vgl. „Geister, Turnschuh und Tabu oder Bilder des Verschwindens. Margret Hoppe im Gespräch mit Anne König und Jan Wenzel", in: Margret Hoppe, *Die verschwundenen Bilder*, Dresden: Edition Beyer 2007, S. 10.
6 Vgl. Florian Ebner, „Latente Bilder – Margret Hoppes Fotografien von verschwundenen Utopien", in: Margret Hoppe, *Die verschwundenen Bilder*, Dresden: Edition Beyer 2007, S. 47–51./Thibaut de Ruyter, „Das Versteckspiel. Hide and Seek", in: *Marion-Ermer-Preis 2009. Margret Hoppe*, Berlin: argobooks 2009, ohne Seitenangaben.

1 See Le Corbusier, *Toward an Architecture*, translated by John Goodman, Los Angeles: Getty Research Institute 2007.
2 See Olivier Beer, *Lucien Hervé*, Ostfildern-Ruit: Hatje Cantz 2002.
3 See ibid., p. 27.
4 See José Baltanás, *Walking Through Le Corbusier: A Tour of His Masterworks*, London: Thames and Hudson, 2005.
5 See "Geister, Turnschuh und Tabu oder Bilder des Verschwindens". Margret Hoppe im Gespräch mit Anne König und Jan Wenzel, in: Margret Hoppe, *Die verschwundenen Bilder*, Dresden: Edition Beyer 2007, p. 10.
6 See Florian Ebner: "Latente Bilder – Margret Hoppes Fotografien von verschwundenen Utopien", in: Margret Hoppe, *Die verschwundenen Bilder*, Dresden: Edition Beyer 2007, p. 47–51./Thibaut de Ruyter, "Das Versteckspiel. Hide and Seek", in: *Marion-Ermer-Preis 2009. Margret Hoppe*, Berlin: argobooks 2009, without page references.

Korrespondenzen. Anmerkungen zu der Serie *Après une Architecture* von Margret Hoppe

MARC RIES

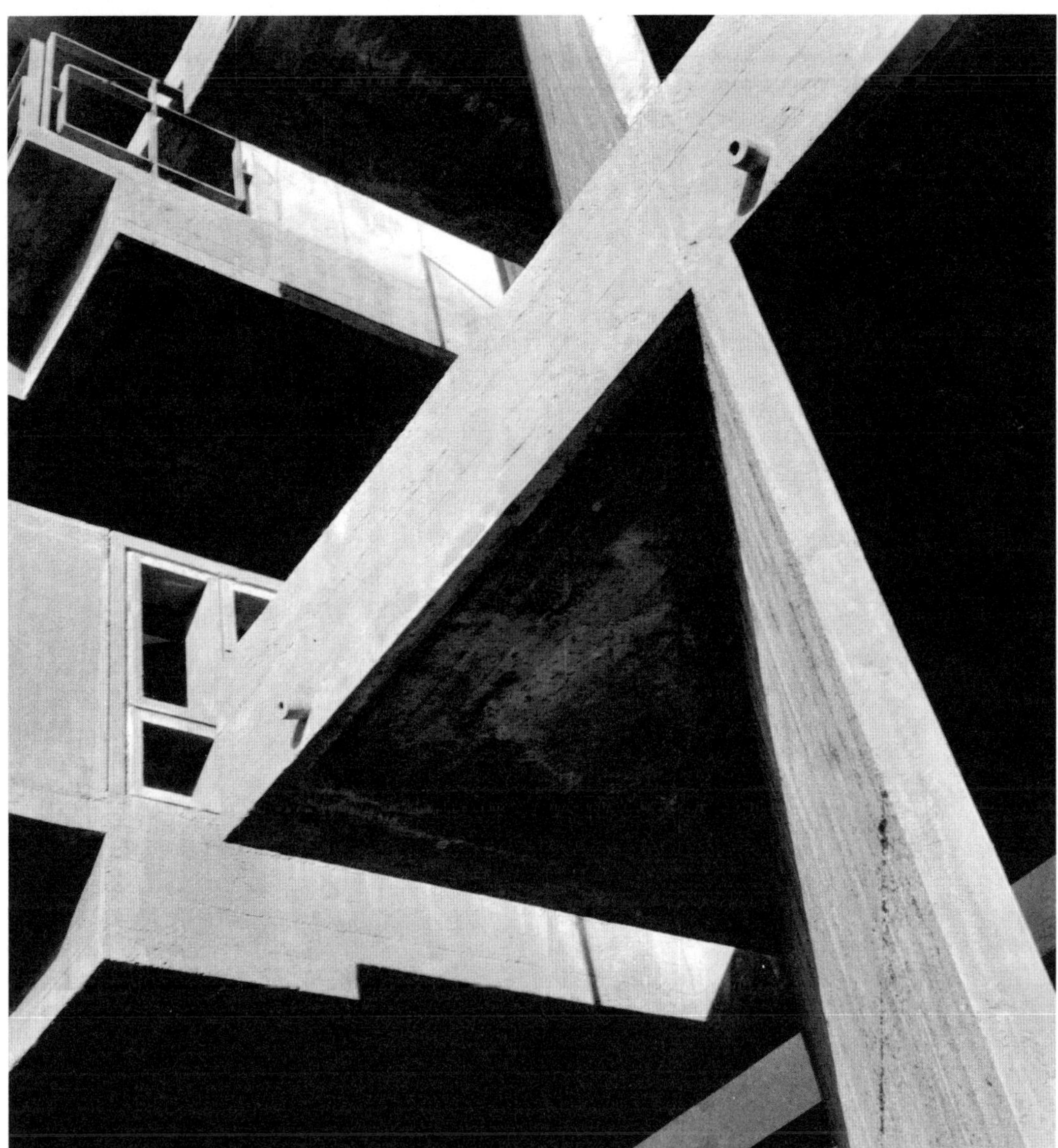

Lucien Hervé, Palais de l'Association des Filateurs d'Ahmedabad, 1954–1956
Lucien Hervé photographs of architecture and artworks by Le Corbusier. Photograph by Lucien Hervé.
The Getty Research Institute, Los Angeles ©J. Paul Getty Trust

Fotografie in Zusammenhang mit einem *Bildraum* zu denken, an dem sie teil hat, ist ein Anfang. Eine jede Wahrnehmung entfaltet stets auch einen Bildraum. Ein Bildraum, der sich als bewegliches *Bild* dessen erweist, was als *Raum* dem Sehenden begegnet und ihm Potentialitäten seiner Benutzung anzeigt. Der Bildraum „bezeichnet zunächst etwas außerhalb von uns, beschreibt jedoch als Raum zugleich immer auch etwas, innerhalb dessen man sich befinden und bewegen kann – und sei es in der Vorstellung."[1] Somit ist der Bildraum auch Teil unserer Innenwelt, in der eigene Raum- und Zeitdramaturgien angelegt sind. Bildräume bilden insofern Schwellen aus, als sie auffordern, Außenräume in Innenräume übergehen zu lassen und umgekehrt. Der äußere Raum tritt in uns ein, so wie wir in ihn. Wir befinden uns an einem Ort zwischen Wahrgenommenem und Wahrnehmendem. „Anders als der Begriff des Bildes ermöglicht der Begriff des Bildraums ein Denken in Anordnungen, Konstellationen, Dimensionalität (was den Zusammenhang zur Architektur nahelegt)."[2] Somit kann diese Begriffsfigur auch Kennzeichnung sein für ein *Handeln*, das in Beziehungen von Vorstellung und Wirklichkeit sich artikuliert. Oftmals

Correspondences: Notes on the series *Après une Architecture* from Margret Hoppe

A possible point of departure here is to consider the photographic image as participating in a larger *image space*. Every act of perception necessarily unfolds such an image space, manifesting itself as the mobile *image* of that which confronts the observer as *space*, presenting her with potential ways of being used. The image space "denotes first of all something outside of us yet at the same time, as a space, within which we find ourselves and can move about in, if only in imagination."[1] As such, the image space is also part of our inner world, where our own dramaturgies of space and times are stored. Image spaces thus constitute thresholds to the extent that they provoke us to let outer spaces make the transition into inner spaces, as well as the reverse. The outer space enters us and we enter it. We find ourselves interposed between the perceived and the percipient. "Contrary to the concept of the image, the concept of image space lets us think in terms

ist die Begegnung jedoch unmittelbar und wir übergehen die Spannung, die von ihr ausgeht, benutzen den Raum ohne ihn in seinen Möglichkeiten, als zu lebenden und gelebten Raum, zu erfahren.

Anders die Fotografie. Sie etabliert ihren eigenen Bildraum im Zusammenspiel von Gegenstand und Betrachtung. Schaffen wir gleich den Zusammenhang mit der Fotografie von Margret Hoppe, mit der Serie *Après une Architecture* und ihrer Darstellung einiger Bauten von Le Corbusier. Gleich welche Bilder wir vor uns haben, für alle gilt, dass der Bildraum, den sie eröffnen, unbetretbar, uneinnehmbar ist – es ist ein intentionaler fotografischer Schnitt im Raum: „Entnahme, Selektion, Herauslösen, Isolierung und Einschließung“[3], eine herausgebrochene Erscheinung ohne Eingänge, denen wir begegnen. Nur in vom Medium induzierten Vorstellungen, Gedanken, erschließt sich dieser Bildraum, ist sein Besuch möglich oder das Befragen seiner Elemente sinnvoll. Jedoch ist anzuerkennen, dass die Fotografie im Moment der Aufnahme jenes „Durchspüren von Strukturen“ (Benjamin) erfahren hat, sie von der Architektur berührt wurde, ihre Einwirkungen also sich in ihr manifestieren, wie das ansonsten nur dem Besucher oder Bewohner vorenthalten ist. Eine jede einzelne Fotografie ist absichtsvoll, will sie – also der Fotograf im Einklang mit dem Apparat – doch eine ganz bestimmte *Entsprechung* mit und zu dem Aufzunehmenden herbeiführen, Entsprechungen, ja, Übereinstimmungen, die für den Betrachter des Bildes eine singuläre Erfahrung mit dem Gegenstand als nunmehr fotografisch Durchwirkten ermöglichen. Nicht also geht es um die Evidenz eines Ortes in seinem Gebrauch, noch ist es notwendig, die Gegenstände zu besitzen, die sich als Bild zeigen, vielmehr schafft die Fotografie in ihrer ausschnitthaften Korrespondenz graduelle Formen der *Fetischisierung* der jeweiligen Orte und Bauten. Sie beginnen ihr Eigenleben als Bild zu führen und wirken in hoher Intensität auf die Betrachtung ein. Fetischhaft sind diese Fotografien, weil sie als ästhetisch-konzeptuell bedachte *Dinge* die Betrachtung zwingen, dem zugeschnittenen Bild einer fernen Wirklichkeit eine „Eigenwirksamkeit auf das Ich-Gefüge“[4] des Betrachters zuzugestehen.

Die Entsprechung, die Ähnlichkeit oder Übereinstimmung, sie ist zunächst eine zwischen dem Gegenstand und dem Apparat, seinen technischen Bedingungen und Möglichkeiten. Dann ist es eine zum Fotografen und seinen Vorstellungen von Dekomposition (*das Sichtbare durchtrennen*), und es ist die von der Apparatur durchdrungenen Wirklichkeit in ihrer Entsprechung zu einer bestimmten Empfindsamkeit, einem Begehren oder einer Gedankenwelt auf der Seite der Betrachter.

Der Gegenstand, die Bauten von Le Corbusier, ist eine vielfach gerade über Fotografien vertraute Architektur; insbesondere die fotografischen Arbeiten von Lucien Hervé bilden in gewisser Weise den Gegenstand ein zweites Mal aus, haben ihn seit der Unité d'Habitation in Marseille insoweit verdoppelt, als ihre Sichtbarkeit, ihre Bildsetzung seine Erscheinung *normativ* werden ließ, vermochte sie doch kongenial Übereinstimmungen von Architektur und Darstellung zu formulieren. Knapp gesagt, Hervé sah und fotografierte, dass *die Schatten moderner Bauen anders fallen*. Man kann nun fragen, was von dem Gegenstand in seiner zweifachen Erscheinung als Bild- und Bauwerk im fotografischen Akt Margret Hoppes als Angebot zur Korrespondenz auserwählt wurde. Dann lassen sich für die Werkserie *Après une architecture* vier

of arrangements, constellations, dimensions (which suggests the connection to architecture)."[2] The concept is thus able to designate an act articulating relations of imagination and reality. Yet the encounter is often immediate. We just pass over the tension, using the space without experiencing it in its possibilities as a space to be lived in and as an already lived-in space.

Photography is different. It establishes its own image space in the interplay between the object and its observation. With that in mind, let us turn to Margret Hoppe's photography, the series *Après une Architecture*, and her presentation of several buildings by Le Corbusier. Whichever images we have before us, what is true of all of them is that the image space they disclose cannot be walked into and appropriated. It is an intentional photographic incision in space, "removal, selection, extraction, isolation and enclosure"[3], a broken-off apparition offering us no way of entering. Only in imaginations and thoughts, induced by the medium, does this image space disclose itself, only there is it possible to visit it and to profitably query its elements. We must nevertheless acknowledge that these photographs have undergone what Benjamin calls "Durchspüren von Strukturen", a *feeling their way through structures*; that they have been touched by the buildings, that its effects have worked their way into them to become manifest within them, in a way otherwise only available to visitors and inhabitants. Every single photograph is full of intent, because the photography, i.e. the harmonious juncture of the photographer and the apparatus, procures a very specific *correspondence* to the object photographed; correspondences, agreements, that afford the viewer of the image a singular experience with the object as one which has been pervaded photographically. So it is not about providing evidence of a place and the way it is used, nor is it necessary about possessing the objects that show themselves as images. Rather, by corresponding in the form of excerpts, the photographs create piecemeal fetishes of the places and buildings photographed. The places and buildings begin to live their own lives, as images, intensely affecting the observer. These photographs are fetishes because, as aesthetic, conceptual *things*, they force the observer to concede to the cut-out image of a distant reality "its own efficacy to affect the structure of the self"[4].

The correspondence, the resemblance, the agreement, is at first between the object and the apparatus, its technical parameters and capabilities. Secondly, it is between the photographer and his sense of decomposition (of *severing the visible*). Here, it is the reality penetrated by the apparatus in its correspondence to a particular sensibility in the observer, a desire or a way of thinking in the world.

The object, Le Corbusier's buildings, is a familiar one, especially from photographs. In particular, there are Lucien Hervé's photographs, which in a way reconstitute the objects, doubling the Unité d'Habitation from Marseille. Their own visibility as images have rendered the apparition *normative*, by finding correspondences between architecture and its representation. In short, Hervé saw and photographed the fact that *modern buildings cast different shadows*. We can now ask the following question: What offers of correspondence did Hoppe's photographic act select from the object in its double apparition as image and as building? For the series *Après une architecture* we can name four types of enunciation or correspondence. They all bear intimate relations to the *après* in the title.

Aussageformen oder eben Entsprechungen nennen.

Diese haben allesamt ein intimes Verhältnis zum *après*. Da ist zum einen jene Fotografie, die Übereinstimmung sucht mit der Idee des Architekten, mit dem zeichenhaft-ikonischen Wert dieser Bauwerke aus dem *Esprit Nouveau* heraus. Es ist eine Feier in präzisen *totalen* Ausschnitten einer ersten Moderne, *zeitlose Feier* vielleicht, zeigt doch diese Fotografie die Repräsentationskraft des Gebauten im Bildraum, zugleich das „Aporetische im Schönen" (Benjamin) dessen, was sich von außen zeigt. Kaum ein anderes Medium vermag so in Aporie sich einzulassen, wie die Fotografie. Zeigt sie uns doch Gegenstände von anderswo, deren Existenz wir über die Erscheinung ihrer Außengrenzen als Bild erahnen und die wir *als* dieses Bild auch als schöne und besondere Dinge erleben. Doch zugleich wissen wir, dass diese ästhetische Erfahrung es uns unmöglich macht, den Gegenstand jemals so einzunehmen, wie die Fotografie ihn uns zeigt. Die Evidenz erweist sich als eine Phantasmagorie, die Begegnung wird nie stattfinden. Hier lässt sich das *après* als ein *après vous, nach Ihnen bitte*, verstehen – nachdem die Architektur ihren Eintritt und Auftritt hatte, kommt die Fotografie. Und feiert, welt-indifferent, ihre Motive für ein Begehren, das nach einem eigenen Eintritt in die Moderne auf der Suche ist.

Die zweite Fotografie konzentriert sich auf beliebige Teilstücke, zeigt demonstrativ die Gebrauchsspuren der Außen- und Innenräume, spricht von ihrer Vergänglichkeit, das *après* ist das Spiel der Zeit. Da sind alte Autos zu sehen, die zwischen den kräftigen Eisenbetonpfosten geparkt sind, eine behelfsmäßig installierte Videokamera vor Farbe, die von der Wand abblättert. Flecke, Risse, Abnutzungen lenken den Blick. Bis hin zu jenen Ausschnitten, die völlig banale und sich der Zuordnung verweigernde Elemente zeigen und die nur im Verweis der anderen Fotografien ihre Verwandtschaft aufklären. Es ist, also ob der Gebrauch oder eine bestimmte Alltäglichkeit sich der Idee bemächtigt hat und sie so weit im Gebrauch verkleinert, dass sie unbedeutend wird. Die Bauten, mit ihr die Moderne, altern. Jedoch, die Fotos verwalten nicht zwangsläufig die Vergänglichkeit, vielmehr vermögen sie diesen Prozeß abzustoppen, belichten das Versammelte mit der Gegenwart, zeigen den Gegenstand in seiner *gelebten Lebendigkeit* und entreißen ihn somit dem weiteren Verfall. Auf diese Weise erfahren die Bauteile zugleich eine schwer zu fassende Selbstverständlickeit – *the elusive obvious* –, deren Nähe im Bildraum sie mit dem Alltag der Betrachter in Korrespondenz setzten.[5]

Eine dritte Fotografie rahmt exemplarische Baudetails, sie nähert sich einer analytischen Fotografie, die zum Teil äußerst nüchtern konstruktive, zum Teil ästhetische, ja auch, und das wäre eigentlich schon eine vierte Entsprechung, metaphysische Merkmale der Baukörper vorstellt. Zunächst zu der zweiten Korrespondenz mit Corbusier, vermittelt über die puren konzeptuellen Elemente seines architektonischen Denkens, denen eine klare, *distinkte*, die bau-elementaren Unterschiede und ihr Zusammenspiel aufzeichnende Fotografie begegnet. Hier schafft das fotografische Bild in der ihm eigenen Präzision *Monumente* der Funktionalität der Strukturen, der Gliederung der Räume, der Beschaffenheit der Materialien, der Präsenz der Farbdramaturgie. Um zugleich diese Analyse insofern zu relativieren, als die Ansichten als formschöne Andeutung, als An-Schein der tatsächlichen Logik des Bauens nachfolgen (*après*), ihr Ursprung und Zusammenhang im

First, there is photography that seeks correspondence with the idea of architecture, with the semiotic-iconic status of the buildings in the context of *Esprit Nouveau*. It is a celebration of early modernism in precise *totals*, a perhaps *timeless celebration*, showing in the image space the force of representation possessed by buildings, and it is also what Benjamin calls the "*aporetic in beauty*", that which shows itself from without. Photography is perhaps more capable of letting itself sink into aporia than any other medium. It shows us objects from another place whose existence we are dimly aware of by stint of the apparition of their contours in the image, objects that we experience as beautiful and particular things *qua this* particular image. Yet at the same time we know that this aesthetic experience makes us incapable of ever appropriating or occupying the object as shown to us by the photograph. The sense of evidence proves to be a phantasm; the encounter will never take place. The *après* can be understood as an *après vous – after you, please*, I insist. After the architecture has been allowed to enter and take the stage it is now time for the photographs. The photographs celebrate their objects, indifferent to the world, celebrating on behalf of a desire striving to find its own way of entering modernity.

The second photography concentrates on arbitrary fragments, conspicuously displays the signs of wear on exterior and interior surfaces, speaks of their impermanence. The *après* here is the play of time. We see old cars parked between the muscular reinforced concrete columns, a video camera affixed in makeshift fashion up against a backdrop of peeling paint. The eye is guided by spots, cracks, traces of use. Then there are the sections showing entirely banal elements that can only be identified by referring to the other images. It is as though usage or a particular everydayness had seized upon the idea and diminished it to the point of insignificance. The buildings are aging and modernity is aging with them. That does not mean that the photos just curate the archive of this temporality. Rather, they are able to check the passage of time, casting onto the collected fragments the light of the present, showing the object in its *lived vitality*, wresting it from further decay. By this means the constructive elements are exposed to what Moshé Feldenkrais once called *the elusive obvious* whose proximity in the image space puts them in touch with the everyday life of the observer.

A third photography selects exemplary details of the architecture, coming close to a forensic photography, showing partly austere constructive features, partly aesthetic ones, partly metaphysical ones. The latter would in fact constitute a fourth correspondence. First of all to the purely conceptual elements of Le Corbusier's architectural thinking, elements that encounter a clear and *distinct* photography that captures the differences between elements of the building and their interplay. Here, the photographic image, with its native precision, achieves *monuments* of architectural functionality, of the organisation of spaces, of the texture of the materials, of the dramatic presence of chromatic arrangement. However, to tone down this assessment somewhat, to the extent that the views, as formally beautiful intimations, as An-Schein, as the beginnings of an apparition, follow after, or *après*, the real order of the act of construction, so that the origin and coherence of the building remains obscure. These images, through which the well tuned arrangement of building parts exert an uncommon force of attraction on

Dunkeln verbleibt. Man kann diese Bilder, von denen aus die Gestimmtheit der Baugefüge in ihrer fotografischen Explikation ungemein anziehend auf die Betrachtung wirkt, an jene sensible Vorstellung von Siegried Kracauer anlehnen, der festellt: Wenn nur die Fotografie den Dingen Dauer schenkte, „die Zeit schüfe aus ihnen sich Bilder"[6].

Der Hinweg zu jenen Bildern, die in ihrer übermächtigen Farbigkeit eine beinah sakrale, metaphysische Flächigkeit zeigen, ist klein. Daher mag es gar nicht so sehr der heilige Raum La Tourettes sein, der diesen Bildraum erwirkt, als die von Le Corbusier vorangetriebene *Bildwerdung der Architektur* selbst. Nach der Feier, nach dem Gebrauch und der Konstruktion nun eine Art innerästhetisches Genießen reiner Flächen-, Form- und Farbwerte. Das räumliche Kontinuum ist aufgegeben, es ist eine bildgewordene Architektur, die sich uns zeigt – *nach* der Architektur.

Im Zusammenspiel der vorgeschlagenen unterschiedlichen Korrespondenzen unternehmen diese in den Fotografien von Margret Hoppe den Versuch, ähnlich unseren Gedächtnisbildern, Blicke auf das Gegebene der Architektur zu fixieren, »insofern es etwas *meint*« (Kracauer), sich also die Teile, Bruchstücke, Fragmente in Fotografie mit einem *Sinn* aufladen, der wiederum der Betrachtung, ihrer Forschung, ihrer Suche, ihrer Lust, den Weg weist.

the observer, can be related to Siegfried Kracauer's sensitive notion that if photography would only endow things with permanence "time would create images out of them"[5].

The path to these images, whose overabundance of chromatics bears an almost sacral metaphysical flatness, is short. It is perhaps not the holy area of La Tourette that creates this image space but rather Le Corbusier's *transformation of architecture into image*. After celebration, usage and construction, we now have an enjoyment of pure surfaces, forms and colours that is internal to the aesthetic. The spatial continuum has been abandoned; the architecture has become image, showing itself to us *after* architecture.

In their interplay, the correspondences I have here proposed, attempt, in a way analogous to the images in our memory, to hold still our views of the architecture as the given "to the extent that it [the given] *means to say* something", as Kracauer puts it, investing the individual parts, the fragments, in photography with *sense*, showing the desirous, searching observer the path to follow.

1 Vgl. Jessica Nitsche, *Walter Benjamins Gebrauch der Fotografie*. Berlin: Kadmos 2010, S. 288.
2 Vgl. ebd., S. 290f.
3 Vgl. Philippe Dubois, *Der fotografische Akt. Versuch über ein theoretisches Dispositiv*. Amsterdam, Dresden: Verlag der Kunst 1998, S. 175.
4 Vgl. Hartmut Böhme, *Fetischismus und Kultur. Eine andere Theorie der Moderne*. Reinbek bei Hamburg: Rowohlt 2006, S. 95.
5 *the elusive obvious* paraphrasiert den gleichnamigen Buchtitel von Moshé Feldenkrais (1981), deutsche Übersetzung: *Die Entdeckung des Selbstverständlichen*, Frankfurt/Main: Suhrkamp 1985, in welchem eine Bewegungslehre vorgeschlagen wird, die den Läsionen des modernen Körpers entgegenwirken soll.
6 Vgl. Siegfried Kracauer, Die Photographie. In: *Der verbotene Blick. Beobachtung Analysen Kritiken*. Leipzig: Reclam 1992, S. 187.

1 See Jessica Nitsche, *Walter Benjamins Gebrauch der Fotografie*. Berlin: Kadmos 2010, p. 288.
2 See ibid., p. 290f.
3 See Philippe Dubois, *Der fotografische Akt. Versuch über ein theoretisches Dispositiv*. Amsterdam, Dresden: Verlag der Kunst 1998, p. 175.
4 See Hartmut Böhme, *Fetischismus und Kultur. Eine andere Theorie der Moderne*. Reinbek bei Hamburg: Rowohlt 2006, p. 95.
5 See Siegfried Kracauer, „Die Photographie." In: *Der verbotene Blick. Beobachtung Analysen Kritiken*. Leipzig: Reclam 1992, p. 187.

Biografie / Biography

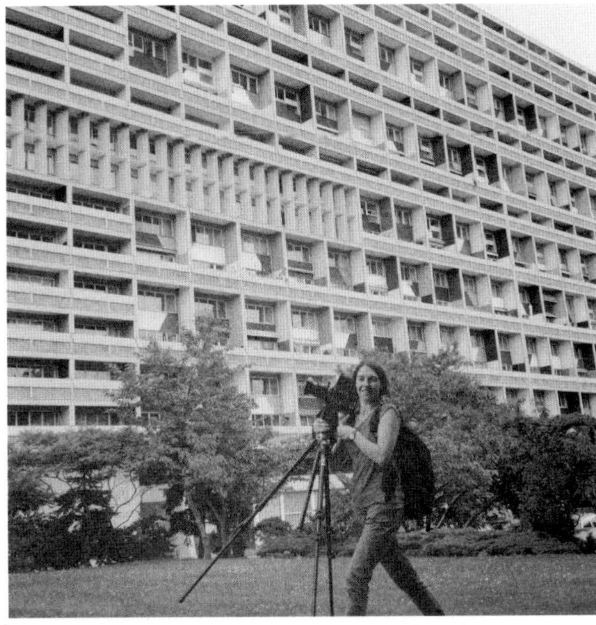

Margret Hoppe, Cité Radieuse Berlin, 2012

Geboren 1981 in Greiz, Thüringen / Born 1981 in Greiz, Thuringia
Lebt und arbeitet in Leipzig / Lives and works in Leipzig

Ausbildung / Education

seit 2011 Promotionsstudium / PhD student at Hochschule für Gestaltung, Offenbach (Martin Liebscher und Marc Ries)
2009 Meisterschülerabschluss Hochschule für Grafik und Buchkunst, Leipzig (Timm Rautert / Christopher Muller)
2007 Diplom Hochschule für Grafik und Buchkunst, Leipzig (Timm Rautert)
2004 – 2005 École Nationale Superiéure des Beaux Arts, Paris, Frankreich (Jean-Marc Bustamante, Christian Boltanski)

Stipendien und Preise / Grants and Awards

2014 / 2015 Arbeitsstipendium für Graduierte des DAAD: Indien
2014 Kunstpreis der Sachsen Bank 2014
2013 Nominierung für / Nomination for *Marianne Brandt Preis*
2010 Sächsisches Landesstipendium: Studienaufenthalt Cité Internationale des Arts, Paris, Frankreich
2009 *Marion-Ermer-Preis*
2007 / 2008 *gute aussichten – junge deutsche fotografie*
Förderpreis der Wüstenrot Stiftung für Dokumentarfotografie
2007 Arbeitsstipendium für Graduierte des DAAD: Bulgarien
2005 / 2006 Stipendium des Deutsch-Französischen Jugendwerks

Einzelausstellungen / Solo Exhibitions

2014 *Kunstpreis der Sachsen Bank 2014: Margret Hoppe – Das Versprechen der Moderne*, Museum der bildenden Künste Leipzig
2014 *Après une Architecture*, Anna Leonowens Gallery, Halifax, Canada
2013 *Après une Architecture*, Spinnerei archiv massiv, Leipzig
2012 *Erinnerte Abwesenheit*, Kunstverein, Gera
2012 *Etrangers*, Cité Internationale des Arts, Paris, Frankreich
2011 *Bildarchive*, Spinnerei archiv massiv, Leipzig
2010 *(After)Images of the City*, Protok, Center for Visual Communication, Banja Luka, Bosnien-Herzegowina
2009 *Bulgarische Denkmale*, Spinnerei archiv massiv, Leipzig
2009 *Gartenstadt Hellerau – Die Geschichte ihrer Bauten*, Festspielhaus Hellerau, Dresden
2008 *Erinnernde Bilder*, Goethe Institut, Sofia, Bulgarien
2008 *Erinnernde Bilder*, Elias Canetti Gesellschaft, Ruse, Bulgarien
2007 *Die verschwundenen Bilder*, Spinnerei archiv massiv, Leipzig
2007 *Junge Kunst*, Galerie Beyer, Dresden

Gruppenausstellungen / Group Exhibitions

2014 *Was war und was ist*, Folkwang Museum, Essen
2014 *Die Poesie des Funktionalen*, Neue Schule für Fotografie, Berlin
2014 *Henrik Schrat & Gäste, Herz der Finsternis, verhudelt*, Kunstsammlung, Jena
2014 *Ortsbestimmung. Zeitgenössische Kunst aus Sachsen*, Kulturhistorisches Museum, Görlitz
2014 *Leipzig-Heldenstadt?*, Goethe Institut, Paris, Frankreich
2013 *Gekauft. Neuerwerbungen der Grafischen Sammlung 2003 – 2013*, Museum der bildenden Künste Leipzig
2013 *jetzt hier*, Albertinum, Dresden
2013 *Discount*, Galerie Jeune Création, Paris, Frankreich
2013 *Marianne Brandt Preis*, Industriemuseum, Chemnitz
2013 *Open Oeuvre*, Hochschule für Gestaltung, Offenbach
2012 *Remote Control*, Satellit, Berlin
2012 *Mustererkennung / gute aussichten*, Museum für Angewandte Kunst Köln
2012 *In several aspects*, Halka Art Projekt, Istanbul, Türkei
2012 *Mal Schauen!*, Motorenhalle, Projektzentrum für zeitgenössische Kunst, Dresden
2012 *Atomare Aussagen*, 2025 e.V., Hamburg
2011 *Nachbilder*, Schloss Ritzebüttel, Cuxhafen
2011 *Förderpreis der Wüstenrotstiftung*, Goethe Institut, Paris, Frankreich
2011 *LEIPZIG-FOTOGRAFIE seit 1839*, Museum der Bildenden Künste Leipzig
2011 *Auf die Plätze – Sport und Gesellschaft*, Deutsches Hygiene Museum, Dresden
2011 *Milan Kiselj – Portraits du Louvre Paris*, Nationalgalerie, Novi Sad, Serbien
2011 *Wenn einer eine Reise tut*, Galerie für Zeitgenössische Kunst, Leipzig
2011 *Endliche Zeit*, Parrotta Contemporary Art, Stuttgart
2011 *Jeune Creation*, 104 - Centquatre, Paris, Frankreich
2011 *About Painting 1: Zürich*, Sihlquai 55, Zürich, Schweiz
2011 *Die Zukunft hatte begonnen*, Kunstverein, Leipzig
2010 *Förderpreis der Wüstenrot Stiftung*, Städtische Galerie, Brunsbüttel
2010 *Rückblicke*, Polnisches Institut, Berlin
2010 *Auftrag und Kunst – Rückblicke Ost und West*, Galerie für Zeitgenössische Kunst, Leipzig
2010 *Förderpreis der Wüstenrot Stiftung*, Kunstverein, Ludwigshafen
2010 *Förderpreis der Wüstenrot Stiftung*, Photomuseum, Braunschweig
2010 *AUTOPortraits*, Galerie Jeune Creation, Paris, Frankreich
2010 *Silent Revolution – Painting and Photography from Leipzig*, Kerava Art Museum, Kerava, Finnland
2010 *Förderpreis der Wüstenrot Stiftung*, Goethe Institut, Washington, USA
2009 *Nichtorte, Orte*, Galerie für Zeitgenössische Kunst, Leipzig
2009 *Close the Gap*, Städtische Galerie und Kunstverein, Speyer
2009 *Die verschwundenen Bilder*, 3. Fotofestival Mannheim, Ludwigshafen, Heidelberg
2009 *Close the Gap*, Neuer Pfaffenhofener Kunstverein
2009 *60 | 40 | 20 Kunst in Leipzig seit 1949*, Museum der bildenden Künste Leipzig
2009 *Marion-Ermer-Preis*, Oktogon der Hochschule für Bildende Künste, Dresden
2009 *Collected Fragments*, The Wende Museum, Los Angeles, USA
2009 *Förderpreis der Wüstenrot Stiftung*, Mathildenhöhe, Darmstadt
2008 *gute aussichten*, Deichtorhallen, Hamburg
2008 *gute aussichten*, Haus der Fotografie, Burghausen
2008 *Vertrautes Terrain*, Zentrum für Kunst und Medientechnologie, Karlsruhe
2008 *gute aussichten*, Martin Gropius Bau, Berlin
2008 *Close the Gap*, Stadtgalerie, Kiel
2008 *Friction and Conflict*, Kalmar Konstmuseum, Schweden
2007 *gute aussichten*, Forum für Fotografie, Köln
2007 *Die Gegenwart des Vergangenen*, Tapetenwerk, Leipzig
2006 *Kalte Herzen*, Kunstverein Radolfzell e.V., Villa Bosch
2005 *Si jeunes, on ne se retrouvera plus*, Galerie Droite, ENSBA, Paris, Frankreich
2004 *Kalte Herzen*, Galerie Van Zoetendaal, Amsterdam, Niederlande
2004 *Kalte Herzen*, Kunstbunker Tumulka, München
2003 *Silver and Gold*, Städtische Galerie, Wolfsburg

Sammlungen (Auswahl) / Collections (selection)

Fotomuseum Winterthur, Schweiz
Fotografische Sammlung Museum Folkwang, Essen
Kunstfonds der Staatlichen Kunstsammlungen Dresden
Museum der bildenden Künste Leipzig
The Wende Museum, Los Angeles, USA
Sammlung der Bundesbank

Bibliografie / Bibliography

2014 *Bildgespenster: künstlerische Archive aus der DDR und ihre Rolle heute*, hg. von Elise Bisanz, Marlene Heidel, Bielefeld: transcript Verlag.
2014 *Was war und Was ist. Dokumentarfotografie Förderpreise der Wüstenrot Stiftung. Neue Arbeiten der Preisträger*, hg. von Wüstenrot Stiftung, Ausst.-Kat. Museum Folkwang Essen, Ludwigsburg.
2013 *Die Poesie des Funktionalen, 5. internationaler Marianne-Brandt-Wettbewerb 2013*, hg. von Villa Arte e.V. Chemnitz, Chemnitz: Kunstverein Villa Arte.
2011 *Margret Hoppe, Bildarchive 15*, hg. von Spinnerei archiv massiv, Leipzig.
2011 *Jeune Creation 2011*, Ausst.-Kat. Jeune Creation Paris, Paris.
2010 *Silent Revolution – Painting and Photography from Leipzig*, Ausst.-Kat. Kerava Art Museum, Kerava, Finnland.
2009 *Images Recalled, Bilder auf Abruf, 3. Fotofestival Mannheim Ludwigshafen Heidelberg*, hg. von Esther Ruelfs und Thomas Berger, Heidelberg: Kehrer Verlag.
2009 *Marion-Ermer-Preis 2009. Margret Hoppe*, hg von Marion-Ermer-Stiftung zur Förderung von Kunst und Kultur in Sachsen und Thüringen, Berlin: argobooks.
2009 *Vertrautes Terrain. Aktuelle Kunst in und über Deutschland*, hg. von Gregor Jansen und Thomas Thiel, Heidelberg: Kehrer Verlag.
2009 *Margret Hoppe, Archiv verlassener Bauten*, Künstlerbuch, Leipzig: Eigenverlag.
2008 *Close the Gap. Studium bei Timm Rautert*, hg. von Galerie Löhrl, Mönchengladbach und Galerie Kleindienst, Leipzig, Bielefeld u.a.: Kerber Verlag.
2007 *Margret Hoppe. Die verschwundenen Bilder*, hg. von Spinnerei archiv massiv, Ausst.-Kat. Spinnerei Archiv Massiv, Leipzig, Dresden: Edition Beyer.
2005 *Margret Hoppe*, Rues de Paris, Künstlerbuch, Leipzig: Eigenverlag.
2004 *Kalte Herzen*, hg. von Timm Rautert, Köln: Schaden.com.

Bildtafeln

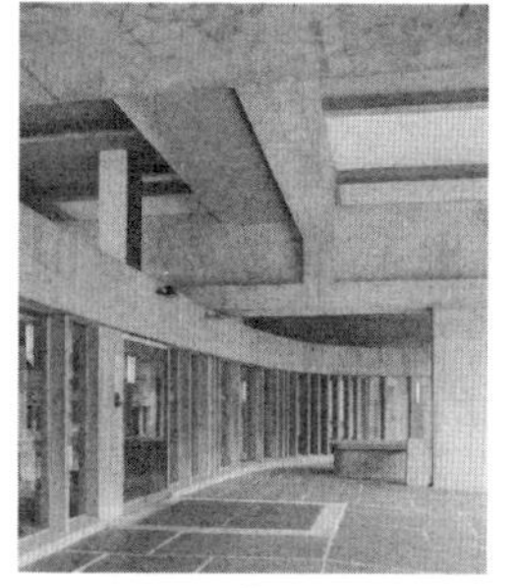

7

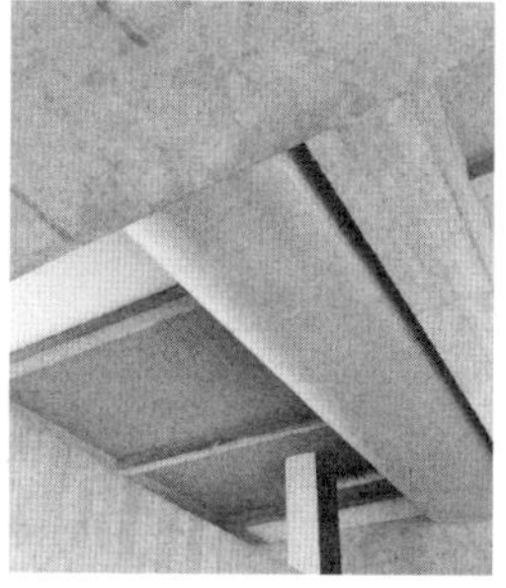

9

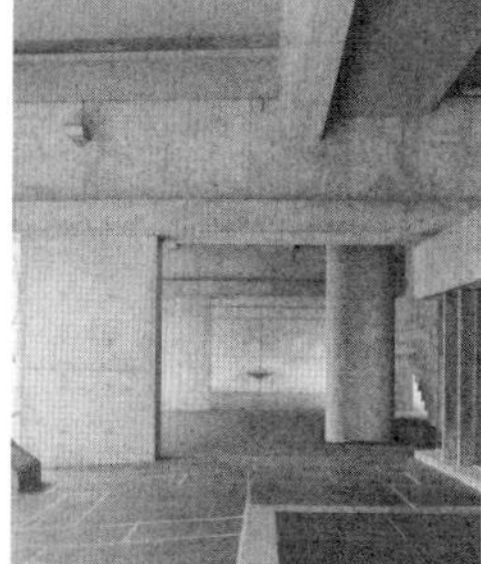

10

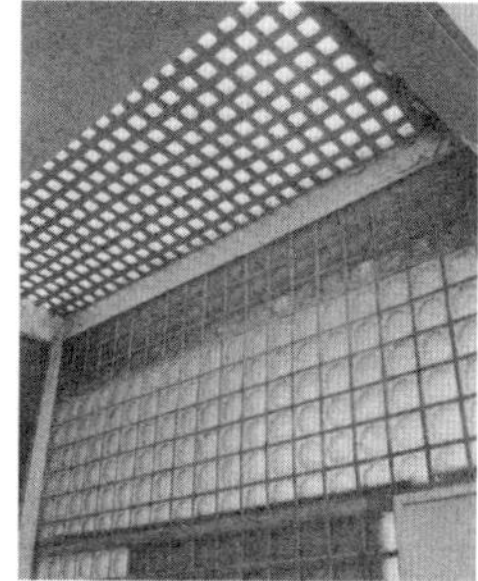

13

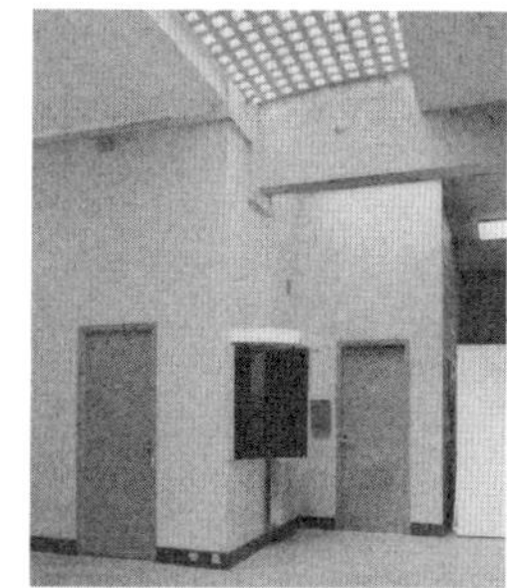

14

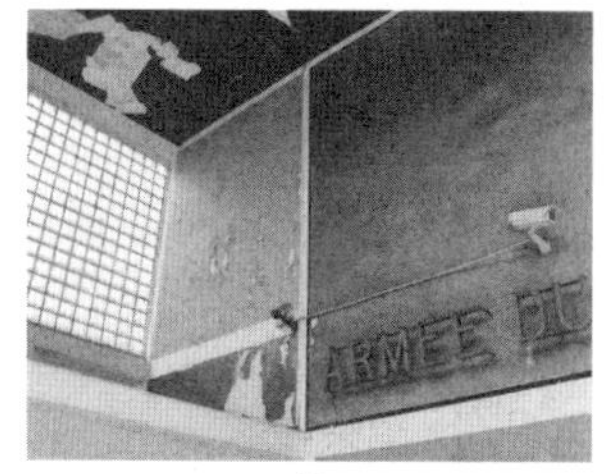

15

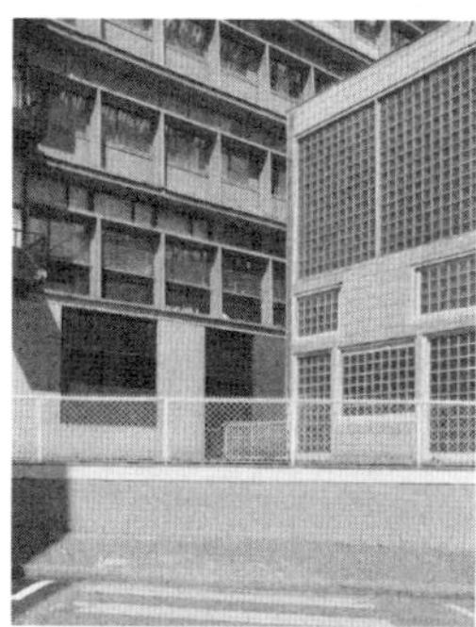

16

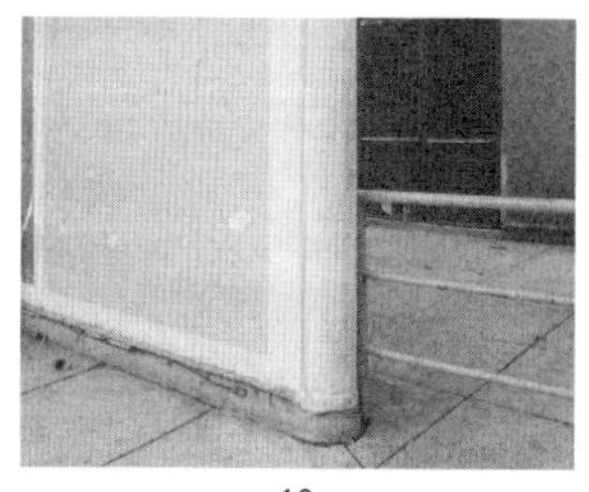

19

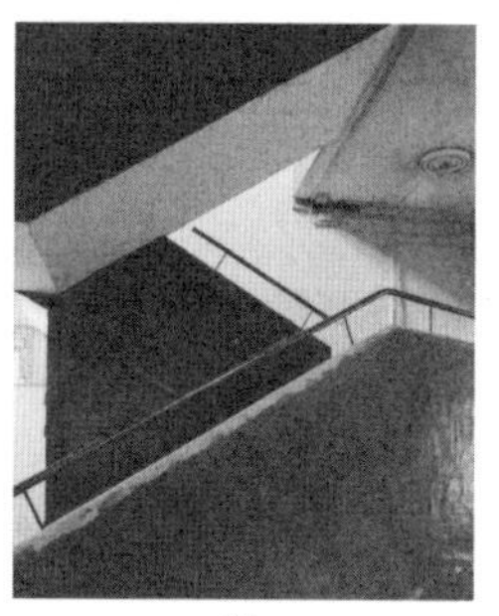

21

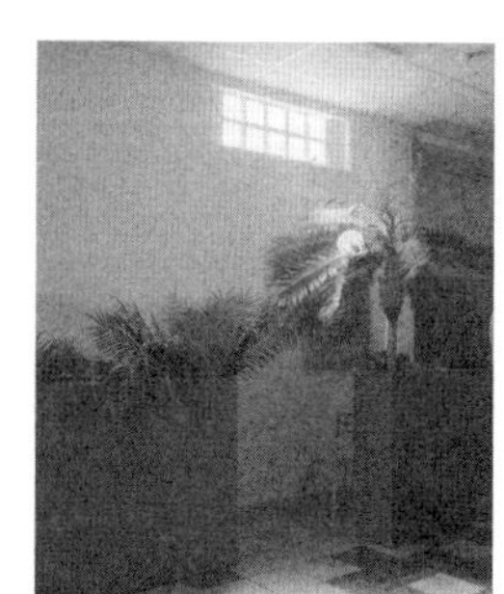

22

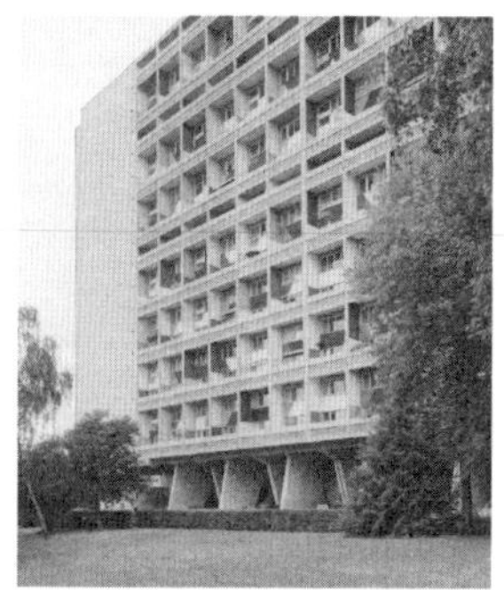

24

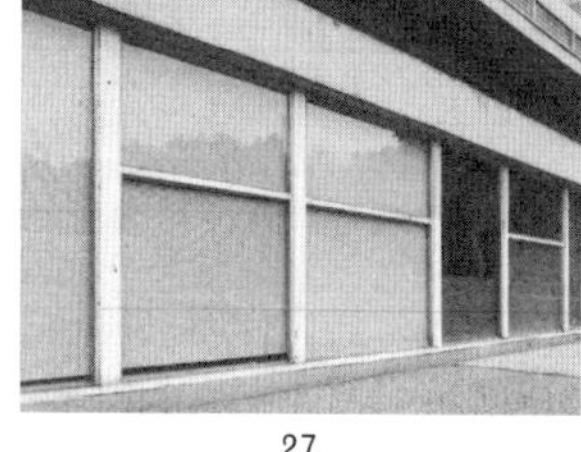

27

28

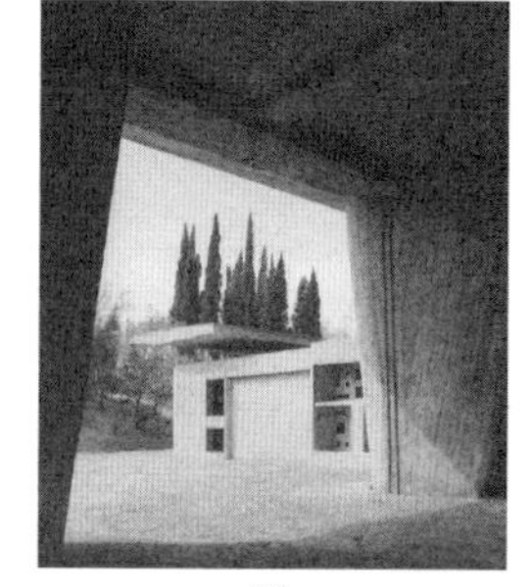

30

7 Maison du Brésil III, Paris, 2012
C-Print, 135 × 110 cm

9 Maison du Brésil I, Paris, 2012
C-Print hinter Acrylglas, 150 × 120 cm

10 Maison du Brésil II, Paris, 2012
C-Print, 135 × 110 cm

13 Armée du Salut II, Paris, 2012
C-Print, 40 × 30 cm

14 Armée du Salut I, Paris, 2012
C-Print, 40 × 30 cm

15 Armée du Salut V, Paris, 2012
C-Print, 81 × 100 cm

16 Armée du Salut VII, Paris, 2012
C-Print, 135 × 110 cm

19 Armée du Salut III, Paris, 2012
C-Print, 40 × 30 cm

21 Armée du Salut IV, Paris, 2012
C-Print, 40 × 30 cm

22 Armée du Salut VI, Paris, 2012
C-Print, 100 × 80 cm

24 Unité d'Habitation I, Berlin, 2012
Diptychon, C-Prints, je 90 × 74 cm

27 Unité d'Habitation III, Berlin, 2012
C-Print, 40 × 30 cm

28 Unité d'Habitation IV, Berlin, 2012
C-Print, 40 × 30 cm

30 Unité d'Habitation I, Marseille, 2013
C-Print, 135 × 110 cm

31 Unité d'Habitation II, Marseille, 2013
C-Print, 135 × 110 cm

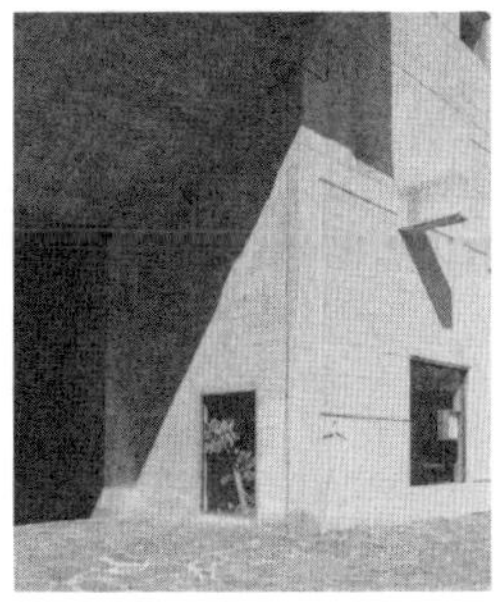
31

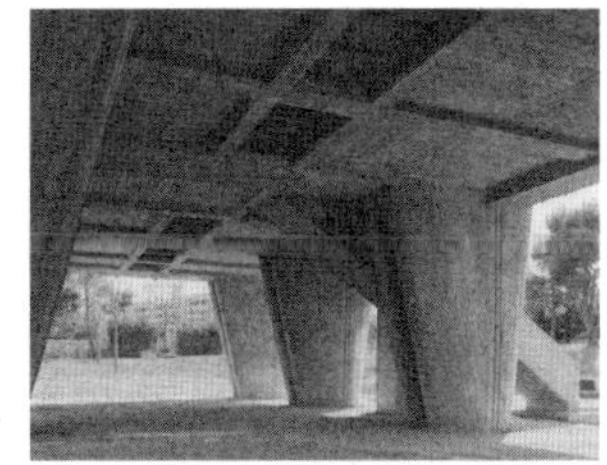
33

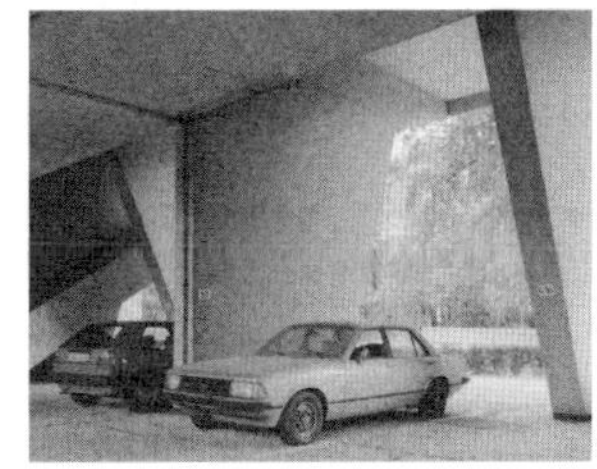
34

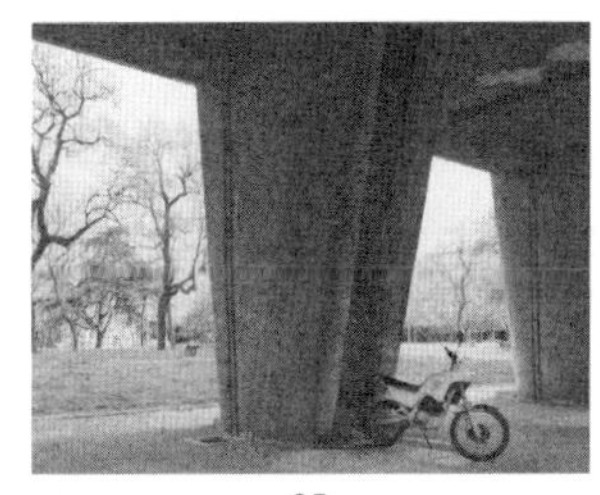
35

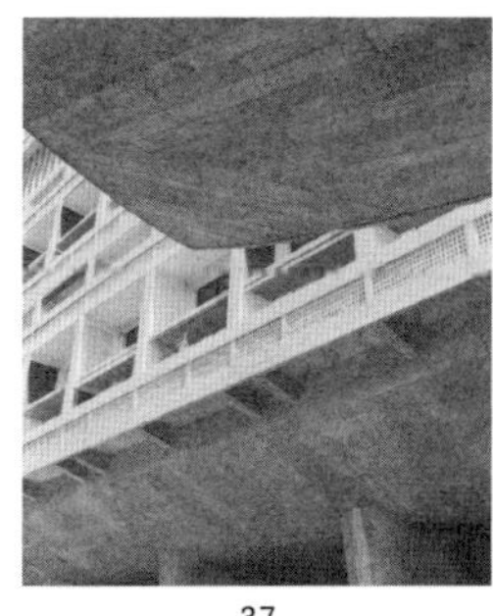
37

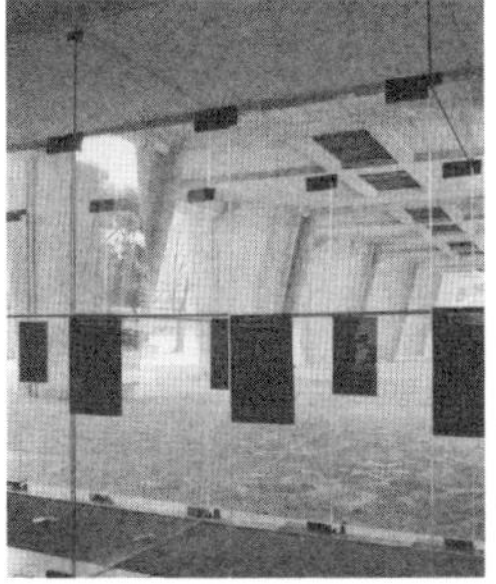
38

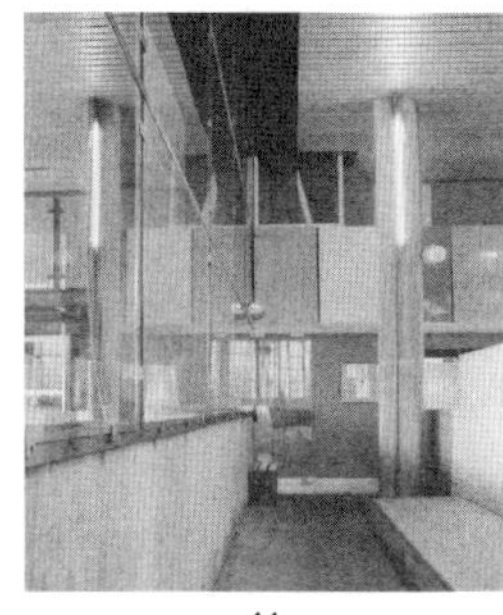
41

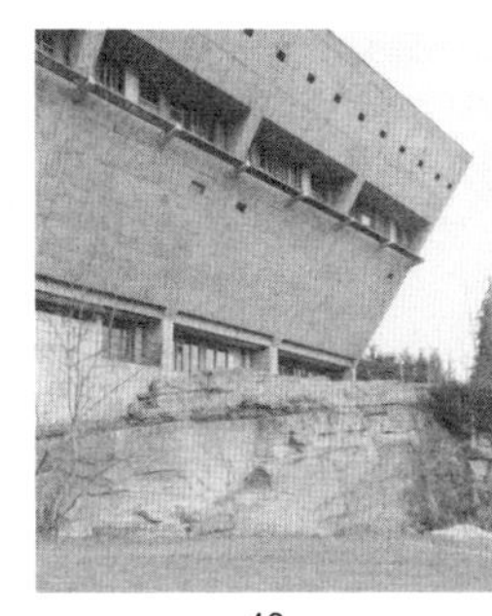
42

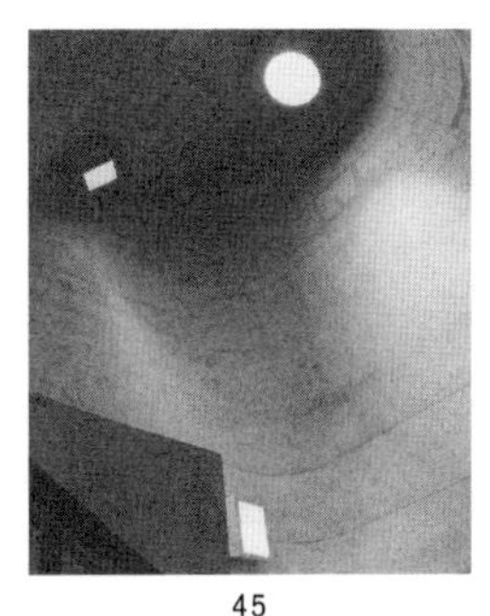
45

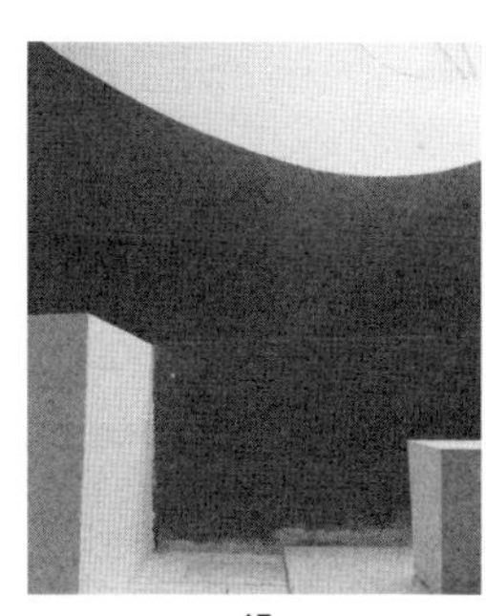
47

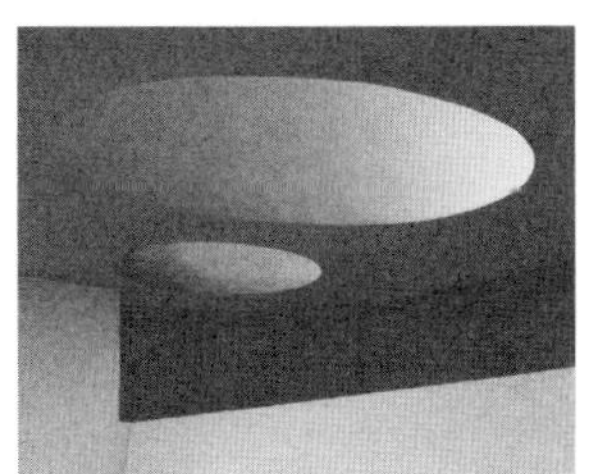
49

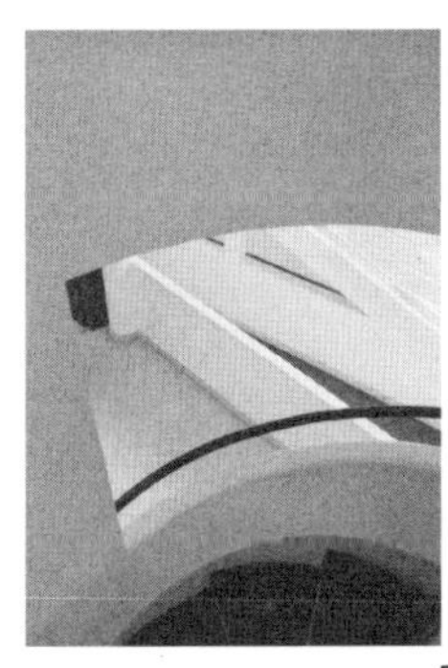
50

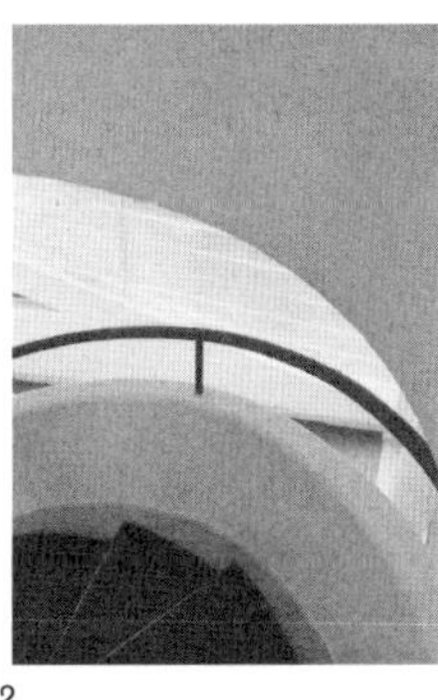
52

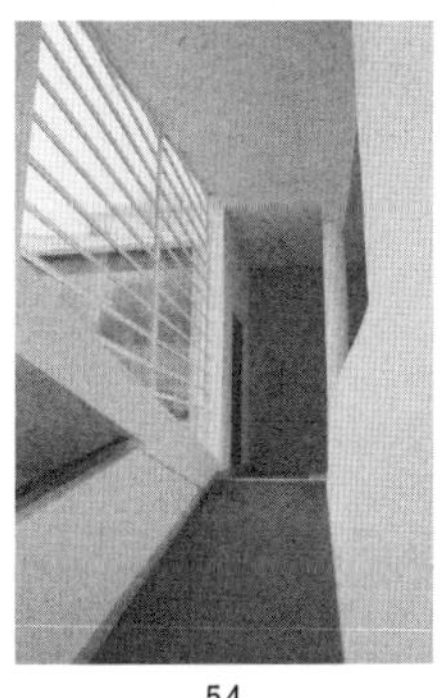
54

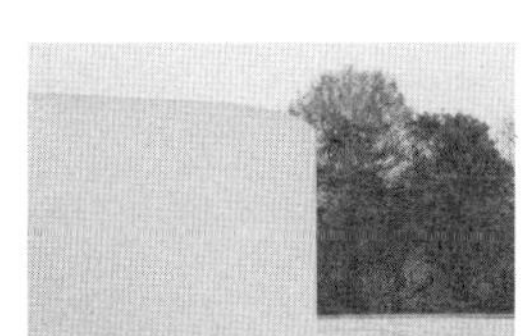
56

33 Unité d'Habitation V, Marseille, 2013
C-Print, 135 × 110 cm

34 Unité d'Habitation II, Berlin, 2012
C-Print, 100 × 124 cm

35 Unité d'Habitation III, Marseille, 2013
C-Print, 100 × 124 cm

37 Unité d'Habitation IV, Marseille, 2013
C-Print hinter Acrylglas, 120 × 100 cm,
2 Holzelemente

38 Unité d'Habitation VI, Marseille, 2013
C-Print, 100 × 81 cm

41 Schwimmhalle, Firminy, 2013
C-Print, 40 × 30 cm

42 Kulturhaus, Firminy, 2013
C-Print, 100 × 80 cm

45 Saint-Pierre, Firminy, 2013
C-Print hinter Acrylglas, 150 × 120 cm

47 Couvent de Saint-Marie de La Tourette II,
Eveux, 2013, C-Print hinter Acrylglas,
130 × 105 cm

49 Couvent de Saint-Marie de La Tourette I,
Eveux, 2013, C-Print hinter Acrylglas,
140 × 170 cm

50 Pavillion Suisse I, Paris, 2012
C-Print, 40 × 30 cm

52 Villa Savoye I, Paris, 2011
Diptychon, C-Prints, je 90 × 60 cm

54 Villa Savoye II, Paris, 2011
C-Print, 45 × 30 cm

56 Villa Savoye III, Paris, 2011
C-Print, 30 × 45 cm

Impressum / Imprint

Jury Kunstpreis der Sachsen Bank 2014

Prof. Liz Bachhuber
Bauhaus-Universität Weimar

Prof. Martin Honert
Hochschule für Bildende Künste Dresden

Prof. Dr. Christiane Lange
Staatsgalerie Stuttgart

Dr. Hans-Werner Schmidt
Museum der bildenden Künste Leipzig

Ausstellung / Exhibition

Konzeption / Conception:
Margret Hoppe

Projektleitung / Project Director:

Kristin Bartels
Museum der bildenden Künste Leipzig

Oliver Fern, Petra Lindner
Sachsen Bank

Öffentlichkeitsarbeit / Public Relations:

Jörg Dittmer, Christin Schulz
Museum der bildenden Künste Leipzig

Petra Lindner
Sachsen Bank

Sekretariat / Secretarial Assistant:
Gabriele Pätow

Ausstellungssekretariat / Exhibition Management:
Claudia Klugmann

Verwaltung / Administration:
Barbara Krause

Technik und Aufbau / Technics and Installation:
Torsten Cech und Team

Restauratorische Betreuung / Conservatorial Supervision:
Bettina Kosel, Annegret Philipsen

Wir danken Margret Hoppe und allen Beteiligten, die zur Realisierung der Ausstellung beigetragen haben. / We deeply thank Margret Hoppe and all persons who contributed to the realisation of the exhibition.

Katalog / Catalogue

Dieser Katalog erscheint anlässlich der Ausstellung / This catalogue accompanies the exhibition

Kunstpreis der Sachsen Bank 2014
Margret Hoppe – Das Versprechen der Moderne

Ausstellung / Exhibition:
6. Dezember 2014 – 8. Februar 2015

Herausgeber / Editor:
Hans-Werner Schmidt

Konzeption / Conception:
Christian Lange, Margret Hoppe

Redaktion / Co-editor:
Kristin Bartels

Lektorat / Proof-reading:
Kristin Bartels, Margret Hoppe

Übersetzungen / Translations:
Steven Black

Gestaltung / Graphic Design:
Christian Lange

Reproduktion / Reproduction:
SCAN COLOR Reprostudio GmbH Leipzig

Druck, Bindung / Printing, Binding:
DZA Druckerei zu Altenburg GmbH, Germany

Auflage / Edition:
1000

Leihgeber / Donors

Wir danken der Künstlerin und allen Leihgebern, deren freundliche Überlassung der Leihgaben diese Ausstellung ermöglicht hat. / We deeply thank Margret Hoppe and all donors who contributed to the realisation of the exhibition.

ISBN 978-3-85881-461-6

Printed in Germany

Museum der bildenden Künste Leipzig
Katharinenstraße 10
04109 Leipzig
mdbk@leipzig.de
www.mdbk.de

Verlag Scheidegger & Spiess AG
Niederdorfstrasse 54
CH-8001 Zürich
Schweiz
www.scheidegger-spiess.ch

Dank / Acknowledges

Vielen Dank an / Thanks to:
Sarah Alberti, Kristin Bartels, Steven Black, Jörg Dittmer, Oliver Fern, Stefanie Hennig, Barbara Krause, Christian Lange, Petra Lindner, Patrick Nebel, Marc Ries, Hans-Werner Schmidt, Christin Schulz

und an / and to:

Sachsen Bank, Museum der bildenden Künste Leipzig, Verlag Scheidegger & Spiess, Zürich, Fondation Le Corbusier, Paris

Mein besonderer Dank gilt:
Equipe m², Jean-Yves Langlais, Martin Liebscher, David Ralph, Timm Rautert, Bertram Schulze und dem Promotionsbereich der Hochschule für Gestaltung Offenbach

Museum der bildenden Künste Leipzig

Sachsen Bank
Ein Unternehmen der LBBW-Gruppe